AI와 엔터테인먼트 산업

AI문고

인공지능 시대입니다. 기계가 인간의 인지를 대신하고, 사물이 인간을 통하지 않고 다른 사물과 직접 커뮤니케이션합니다. 이에 따른 인간 삶과 문명 변화를 정확히 이해 · 예측 · 대응하는 것은 이 시대 우리 모두의 과제입니다. AI문고는 인공지능 기술과 환경의 여러 주제를 10가지 키워드로 정리합니다. 관련 개념과 이론, 학계와 산업계의 쟁점, 우리 일상의 변화를 다룹니다. 인간과 기술의 현재, 미래를 세심히 분석합니다.

일러두기

- 인명, 작품명, 저서명, 개념어 등은 한글과 함께 괄호 안에 해당 국가의 원어를 병기했습니다.
- 외래어 표기는 현행 어문규정의 외래어표기법을 따랐습니다.

처음이세요?
전문가세요?

AI와 엔터테인먼트 산업

황준민

대한민국, 서울, 커뮤니케이션북스, 2025

AI와 엔터테인먼트 산업

지은이 황준민
펴낸이 박영률

초판 1쇄 펴낸날 2025년 6월 10일

커뮤니케이션북스(주)
출판 등록 2007년 8월 17일 제313-2007-000166호
02880 서울시 성북구 성북로 5-11
전화(02) 7474 001, 팩스(02) 736 5047
commbooks@commbooks.com
www.commbooks.com

ISBN 979-11-7307-930-6 03500

책값은 뒤표지에 표시되어 있습니다.

차례

AI로 급변하는 엔터테인먼트 산업

엔터테인먼트 산업의 구조

엔터테인먼트 산업을 정의하자면 인간들을 즐겁게 해 주는 모든 행위를 통해 수익을 내는 사업들의 집합체라고 할 수 있다. 이를 크게 음악 산업, 영화 · 드라마 산업, 그리고 비디오 게임 산업으로 나눌 수 있을 것이다.

음악 산업은 음악을 생산 · 유통하는 산업적 개념이다. 음악을 요소로 하는 상품, 서비스 등을 대량 생산 · 유통하며 이윤 창출을 목적으로 이루어지는 기업 활동을 말한다. 산업이라는 용어가 생산 활동 전반을 지칭하고는 있지만, 주로 생산 활동의 각 구조와 유통 활동까지를 포함하는 개념으로 사용된다. 즉, 음악이 사고파는 거래의 대상이 되고 경제 활동의 주 요소가 된다.

음악 산업은 아티스트라는 생산자와 대중(팬)이라는 소비자로 구성되어 있다. 그리고 이를 연결하는 다양한 전문가들과 유통 과정이 포함된다. 음악의 창작, 음반의 제작 · 활용 · 유통 · 보급 · 수출입 등에 관련된 영업 및 대중음악 공연을 지칭하며, 이에 따라 음반 · 공연 · 출판 · 매니지먼트 · 영상물 활용 등 아티스트와 음원을 사용해 가치를 창출하는 모든 산업을 일컫는다.

영화 · 드라마 산업은 크게 콘텐츠 제작 산업과 플랫폼 산업으로 나누어진다. 콘텐츠 제작 산업은 영화 및 드라마의 기획, 촬영, 배급까지 모든 제작 과정을 통해 수익을 창출하는 산업이다. 흔히 세간에서 일컫는 할리우드 5대 제작사나 국내의 쇼박스, 롯데 엔터테인먼트, CJ 스튜디오 등이 이에 해당한다. 플랫폼 산업은 영화를 상영하는 과정을 통해 수익을 창출하는 것으로, 예전에는 극장 산업이 이를 독점했으나 최근에는 글로벌 및 국내 OTT의 등장으로 시장이 양분되어 가고 있다. 멀티플렉스 극장을 운영하는 롯데시네마, 메가박스, CGV 등의 국내 업체들과 AMC 시어터 등 해외 업체 등이 있다.

OTT 산업체로는 넷플릭스가 대표적이다. 콘텐츠 제작사들이 영화를 만들어 극장과 계약을 체결해 상영을 하면, 국가별로 다르기도 하고 제작사별로 또는 콘텐츠별로 다르긴 하지만 보통 5:5로 수익을 배분한다.

게임 산업은 게임물 또는 게임 상품(게임물을 이용해 경제적 부가가치를 창출하는 유 · 무형의 재화 · 서비스)의 기획 · 제작 · 유통 및 이에 관한 서비스와 관련된 산업을 의미한다. 문화체육관광부의 기준으로, 게임 산업은 게임의 기획 · 제작 · 유통 형태에 따라 크게 세 가지로 분류할 수 있다. 첫째는 게임을기획하고 개발하고 제작된 게임을 퍼블리싱하는 '게임 제작 및 배급업'이다. 한국표준산업분류체계(KSIC)상 '게임 소프트웨어 개발 및 공급업'에 해당하는 분류가 이에 해당한다(게임 개발사 및 퍼블리셔라고 이해할 수 있다). 둘째로는 PC방, VR 체험방, 전자 게임장과 같은 시설을 운영하는 '게임 유통업'이 존재한다. 마지막으로 게임 하드웨어 기기 혹은 소프트웨어를 판매하거나 임대하는 '게임 도소매 및 임대업'이 존재한다.

게임은 유저들이 이용하는 플랫폼 종류에 따라서 크게 온라인 게임, PC 게임, 모바일 게임, 콘솔 게임, 아케이드 게임으로 분류할 수 있다. 콘솔 게임과 아케이드 게임이 전통적 의미의 게임이라면, 모바일과 온라인 게임은 2000년대 이후 모바일 인프라와 인터넷이 확산되면서 급성장한 게임 플랫폼의 유형으로 볼 수 있다.

AI의 등장으로 엔터테인먼트 업계는 대변혁기를 맞이했다. AI는 우리 삶의 모든 측면을 재구성하고 있으며, 이는 엔터테인먼트 산업에도 예외 없이 적용된다. 영화와 텔레비전에서 음악과 게임에 이르기까지, AI는 사용자 경험을 향상시켰을 뿐만 아니라 콘텐츠 제작 과정에도 크나큰 혁신을 가져왔다.

AI 기술은 영화 제작의 스크립팅 및 사전 제작 단계에서 점점 더 활용도가 늘어나고 있다. 거대한 데이터 세트를 분석해 인기 작품들의 스토리라인, 캐릭터 또는 설정을 예측한다. 다만 이런 AI의 기능이 인간의 창의력을 아직 대체하지는 못한다. 대신 창작자가 설득력 있는 네러티브를 개발하는 데 도움을 줄 수있다.

CGI(Computer Generated Images)와 애니메이션도 AI의 혜택을 받고 있다. 기계 학습 알고리즘은 작업을 자동화해 반복 작업에 소요되는 시간을 줄이고 품질을 향상할 수 있다.

AI 기술은 음악 작곡과 창작 과정에도 활용되기 시작했다. 딥러닝을 통해 취득한 데이터를 바탕으로 멜로디, 하모니, 심지어 곡 전체를 생성한다. 이뿐만 아니라 보컬(인간의 목소리)도 만들어 완전한 노래 한 곡을 창작해 낼 수 있는 단계에 이르렀다.

(주)오드아이사가 개발한 '복스팩토리(voxfactory)' 같은 프로그램이나 뮤즈넷(MuseNet)과 같은 플랫폼은 다양한 스타일로 음악을 만들 수 있다. 다양한 언어는 물론 매력적인 목소리를 사용해 가이드 곡을 만들거나, 유명 작곡가나 프로듀서의 작품을 학습해서 완전히 새로

운 곡을 만들어 낼 수 있다.

음악 창작에서 AI의 목표는 아티스트나 작곡가를 대체하는 것이 아니라 서포트하는 데에 있다. 복스팩토리의 경우 소액으로 얼마든지 가이드 곡을 만들어 낼 수 있다. 이는 기존 가이드 녹음 방식에 비해 훨씬 쉽고, 싸고, 편리하다. 반면 기존 가이드 녹음은 퀄리티나 비용 등 모든 면에서 불편하다.

AI는 애플뮤직(Apple Music), 스포티파이(Spotify) 등 세계적인 스트리밍 서비스에서 볼 수 있는 음악 큐레이팅 시스템의 원동력이기도 하다. 이들 플랫폼들은 AI와 딥러닝 알고리즘을 바탕으로 사용자들의 청취 습관과 선호도를 분석한다.

유저가 듣는 음악의 장르, 곡, 아티스트, 심지어는 건너뛰는 곡마저 분석해 해당 유저의 취향을 분석할 수 있다. 그리고 취합된 정보를 바탕으로 유저에게 다양한 옵션을 추천한다.

AI는 음악 제작의 기술적 측면, 특히 마스터링과 믹싱 부분에서도 수준급의 제작물을 만들어 내고 있다. 곡을 분석하고 볼륨, EQ 밸런스, 압축 등 다양한 요소를 조정해 균형 잡힌 사운드를 구현해 낸다.

게임 산업에서도 AI의 활약은 이어진다. 우선은 그래

픽의 향상이다. 실물과 같은 캐릭터는 물론 자연환경 등 복잡한 환경과 물체의 자연스런 움직임까지 재현해 낸다. 이는 AI가 초현실적인 3D그래픽을 실시간으로 렌더링해 낼 수 있는 기술 덕분이다. 이를 통해 플레이어들은 캐릭터의 동작 및 게임 환경 환경의 다른 요소와 사실적인 방식으로 상호작용해 보다 몰입적인 게임 플레이를 즐길 수 있다.

특히 AI가 유용하게 적용되는 영역은 NPC(Non-player Character)의 행동이다. 일반적으로 NPC는 사전에 프로그래밍된 대로만 행동하기 때문에 플레이어와의 상호작용이 상당이 제한돼 있다. 그러나 AI를 통해 NPC는 플레이어의 행동을 배우고 이에 맞추어 적응할 수 있다. 따라서 NPC가 게임 도중에 플레이어의 행동에 예상치 못한 방식으로 반응할 수 있게 되면서 더욱 '인간적'인 방식으로 행동할 수 있다. 이는 플레이어의 자유도를 높이고 게임의 경험을 더욱 매력적으로 만들어 낸다.

또한 AI는 플레이어의 성향에 따라 난이도를 조정할 수 있다. 이는 인위적인 조정이 아닌 탓에 각 챕터 혹은 보스 파이팅, 퍼즐 등에 각기 특화되어 플레이어가 보다 게임에 몰두할 수 있게 해 준다.

강력한 가상 세계를 구축하는 데에도 AI는 필수 요소

로 자리매김했다. 방대하고 상세한 가상 세계를 만드는 데도 도움이 된다. 자연 풍경, 마을, 수많은 캐릭터 등 VR과 AR 플랫폼에서 다양한 모험을 즐길 수 있는 환경을 만들어 준다.

AI의 등장으로 생기기 시작한 우려들

AI가 엔터테인먼트 산업에 도입되면서 많은 기회가 열리고 있지만, 동시에 여러 위험성과 윤리적인 문제가 우려되고 있다.

우선은 창의성 저하를 들 수 있다. AI가 콘텐츠 생성에 활용되면서, 기존 인간 창작자들의 역할이 축소될 우려가 대두되고 있다. AI는 많은 양의 데이터를 기반으로 한 딥러닝 방식으로 작품을 대량으로 빠르게 만들어 낼 수 있지만 이를 진실로 '창작'했다고 보기는 어렵다. 어디까지나 이전에 인간이 만들어 놓은 작품들이 AI의 창작물 토대 역할을 했기 때문이다. 그러나 이러한 AI의 창작물이 범람할 경우 경제적 논리가 작용, AI가 창작한 작품들이 새로운 상품군의 패러다임을 만들어 낼 우려가 있다. 값싸고 적당한 수준의 작품들이 대거 시장에 나올 경우 인간 창작자들의 작품이 경쟁력을 잃고, 이는 창의성의 저하로 이어질 확률이 높다. 이는 예술의 본질적인 다양성과 인간 창의성에 대한 존중이 약화될 위험으로 이어질 수 있다.

AI의 등장으로 사라지는 직업군도 늘어날 것이다. 2023년 미국 할리우드에서는 미국작가조합(WGA)과 미국배우·방송인노동조합(SAG-AFTRA)이 함께 파업에 돌입했다. 할리우드 양대 노조가 동시에 일손을 놓은 것은 1960년 이후 63년 만이다. 이들 노조가 주장하는 것은 '생존권'이었다. 인공지능이 작가 대신 대본을 쓰고 배우의 연기를 대체하고 있다며, 자신들의 직업이 사라질 위기에 처했다고 목소리를 높였다. 작가·배우 동반 파업으로 할리우드 제작 현장은 멈췄고 경제적 손실은 50억 달러로 추산됐다. 세계경제포럼(WEF)이 발표한 '2023년 일자리 미래 보고서'에 따르면 AI 기술이 발달하면서 오는 2027년까지 8300만 개의 인간 일자리가 대체될 수 있다. 사무직, 비서, 은행원, 우편서비스 사무원, 출납원·매표원, 데이터 입력원 등 '실수 없는 반복 업무'가 대표적이다.

이미 상당 부분 현실이 된 분야도 있다. 자동화된 생산 공장이다. 현대자동차그룹 싱가포르 글로벌 혁신센터(HMGICS)에서는 자동차 부품 분류부터 조립까지 로봇이 담당한다. 조립된 차체를 옮기는 것도 로봇이 한다. 차량 생산 이후 결함을 찾는 것은 AI 몫이다. 지하 2층부터 지상 7층까지 총 9층 규모로 건립된 생산 시설에서 인간이 일하는 곳은 디지털커맨드센터라는 HMGICS의 종합상황실뿐이다. HMGICS와 같은 사례는 앞으로 더욱 늘어날 것으로 예상된다. 바꿔 말해 반복적인 업무는 AI 도입으로 사라질 가능성이 높다는 의미다. AI 기술 발전과 현장 도입에 따른 전통적 직업의 변화가 현실이 되고 있다. 할리우드 사례와 같이 가장 늦게 변화가 있을 것으로 예상됐던 창의적 부문까지 AI의 침투가 진행되는 상황이다.

할리우드뿐만이 아니다. 이미 엔터테인먼트 산업의 거의 모든 분야에서 AI가 많은 인간들의 일자리를 대체하게 될 것이라는 우려가 일고 있다. AI 음악 생성 프로그램이나 영화, 드라마, 게임 시나리오 작성 툴이 상용화되면 작가, 작곡가, 애니메이터 등 다양한 직업군의 일자리가 줄어들 것은 불 보듯 뻔하다.

지적 재산권 침해도 우려된다. AI는 대량의 기존 콘텐츠 데이터를 학습해 새로운 작품을 생성하기 때문에 저작권 침해 문제가 발생할 여지가 크다. AI가 특정 작가의 작품 스타일을 그대로 모방하거나 기존 콘텐츠를 변형해 새로운 작품을 생성하는 경우, 원작자의 권리를 침해할 수 있다. 이러한 문제는 특히 창작자와 AI 개발자 간의 권리 분쟁을 유발할 가능성이 농후하다.

디지털 인격 및 이미지 도용 이슈도 민감한 문제다. AI 기술이 인간의 목소리와 외모를 사실적으로 재현할 수 있게 되면서, 유명 인사나 캐릭터의 이미지와 목소리를 무단으로 사용하는 사례가 이미 발생하고 있다.

지난해 미국에서 18년 전 살해된 여성의 이름과 사진을 도용한 AI 챗봇이 발견돼 논란이 된 바가 있다.

해당 챗봇은 AI 스타트업 '캐릭터.ai(Character.ai)' 웹사이트에 공개된 것으로, 누군가가 딸의 실명과 생전 찍었던 졸업사진을 무단으로 복제해 만든 것으로 드러났다. 이 챗봇은 불특정 다수와 대화를 나눌 수 있도록 설정됐으며, 실제로는 고인인 제니퍼를 '비디오게임 저널리스트이자 기술, 대중문화, 저널리즘 전문가'인 AI 캐릭터로 소개했다. 제니퍼는 18세였던 지난 2006년 2월 전 남자친구의 총에 맞아 숨진 채 발견됐다. 해당 업체는 제니퍼 유족의 신고를 받고 삭제 조치를 했으나, 이 같은 사고는 언제든 재발할 수있다.

프라이버시 침해와 개인정보 오용 문제도 매우 우려스러운 이슈다. AI는 인간들의 얼굴, 음성, 행동 패턴을 분석해 고도로 개인화된 콘텐츠를 제작할 수 있지만, 이는 동시에 개인 프라이버시 침해의 위험성을 내포하고 있다. AI가 특정 인물의 신상을 무단으로 활용해 광고나 콘텐츠를 제작하는 경우, 개인정보 보호 문제와 윤리적 논란이 발생할 수 있다.

AI를 이용한 딥페이크 기술로 인해 실제 인물의 목소리나 외모를 무단으로 사용하는 사례가 증가하고 있다. 이런 영상이나 오디오를 악의적으로 사용하면 대중을 오도하거나 특정 인물의 평판에 심각한 영향을 미칠 수 있다. 이는 특히 정치적, 사회적 문제와 결부될 경우 큰 사회적 혼란을 초래할 수 있다.

또한 AI는 학습하는 데이터에 따라 편향을 그대로 반영하거나 강화할 수 있다. 특정 인종, 성별, 연령에 대한 차별적 요소가 AI 생성 콘텐츠에 나타날 수 있으며, 이러한 편향은 다양한 방식으로 문화 콘텐츠에 내재될 수 있다. 예를 들어 영화나 광고에서 AI가 특정 인종이나 성별에 대해 고정된 역할을 부여할 경우 사회적 편견을 강화하게 될 위험이 있다.

AI가 콘텐츠 제작의 일부 혹은 전부를 대신하면서 인간 창작자들의 역할이 축소될 위험이 크게 증가한다. 이는 창작자와 아티스트들의 경제적 생계를 위협할 뿐만 아니라, 창작의 가치가 AI에 의해 잠식될 우려를 낳는다.

이러한 상황은 콘텐츠 창작자들의 권리를 침해할 뿐만 아니라 노동권 문제와도 연결된다.

저작자 권리도 모호해질 수 있다. AI가 창작한 작품의 경우, 저작권이 누구에게 속하는지가 불분명해진다. AI가 작성한 소설이나 작곡한 음악에 대해 법적 권리를 AI 소유자나 개발자가 가져야 하는지, 혹은 AI 자체가 독립적 창작자로 간주될 수 있는지에 대한 대대적인 논의가 필요하다. 이 문제는 아티스트, AI 개발자, 그리고 소비자 간의 권리 갈등으로 이어질 수 있다.

AI와의 동행, 그리고 미래

AI가 적용된 산업들은 과거보다 더 소비자 지향적으로 사용자에 최적화된 수준으로 진화하고 있다. AI의 산업 활용도가 높은 이유는 다양한 질문에 답을 하는 능력을 가지고 있기 때문이다. 특히 생성형 AI는 산업에서 요구하는 더 상세한 질문에도 응답하고 있다.

컨설팅 연구소 퓨처 투데이 인스티튜트(Future Today Institute)의 CEO이자 미래학자인 에이미 웹(Amy Webb)은 SXSW 2023 테크 트렌드 강의에서 AI의 변화적 잠재력을 매우 긍정적으로 분석했다. 퓨처 투데이 인스티튜트에서 발표한 트렌드 동향 보고서는 "AI는 엔터테인먼트를 포함, 모든 산업에 연관된 유일한 수직 기술"이라고 서술했다.

AI는 창작의 중심인 할리우드에서도 점유율을 확대하고 있다. 챗GPT와 같은 생성형 AI(Generative AI)가 엔터테인먼트 산업의 지형을 이미 흔들고 있다. 생성형 AI는 텍스트, 오디오, 이미지 등의 기존 콘텐츠를 활용해 유사한 콘텐츠를 새로 만들어 내는 인공지능 기술이다. 생성형 AI는 콘텐츠 패턴을 학습하고 추론한 결과로 새로운 콘텐츠를 만들어 내는 것을 넘어선다. 콘텐츠의 생성자와 만들어진 콘텐츠를 평가하는 판별자가 끊임없이 서로 대립하고 경쟁하며 새로운 콘텐츠를 생성해 낸다.

AI는 특정 작가의 화풍을 모사한 그림으로 사진을 재생성하거나 가짜 인간 얼굴을 무제한으로 생성할 수 있어 영화 산업에서도 활용도가 높다. 할리우드가 주목하는 것도 이 부분이다. AI는 이제 SF 괴물 등 상상 속 이미지를 만드는 데 도움을 주는 수준을 넘어 새로운 피조물을 만드는 수준에 이르렀다. AI가 만드는 텍스트, 음악, 영화, TV 드라마는 유명인들의 작품을 흉내내는 수준이 아니라 또 다른 창작물로 인정받는 수준까지 발전했다. 창작자들 사이에서 AI는 이제 조력자가 아니라 크리에이터다.

할리우드 콘텐츠에 주로 투자하던 벤처캐피털들도 AI를 집중 연구하고 있다. 북미권 벤처캐피탈리스트들이 할리우드 AI 분야에 향후 몇 년간 수십억 달러를 투자할 것으로 예상된다.

코비드 19를 거치면서 엔터테인먼트 산업 전반에 콘텐츠 제작 수요가 폭발적으로 성장하며 품질에 대한 눈높이도 매우 높아졌다. 실제로 현재 인간 VFX 아티스트들이 감당할 수 없을 정도의 물량이 발주되고 있다.

이 때문에 VFX 업계는 AI를 적극 활용하고 있다. AI 디지털 아티스트는 복잡하고 긴 VFX 작업 과정을 단순화하고 단축할 수 있다. 휴식도 필요 없다. 캐나다 토론토에 본사를 두고 있는 VFX 전문 기업 몬스터스 에일리언스 로봇스 좀비스(MARZ, Monsters Aliens Robots Zombies)에 따르면 AI를 이용한 VFX 작품이 전체 제작의 85% 정도로 나타났다.

우리에게 친숙한 마블 스튜디오(Marvel Studio)도 제작하는 다양한 히어로 시리즈에 AI VFX 기술을 도입했다. 수년 전 전 세계적으로 큰 인기를 얻은 넷플릭스 인기 TV 드라마 〈웬즈데이(Wednesday)〉의 등장인물들을 MARZ의 AI 기술로 재창조했다.

요즘 할리우드 AI는 VFX 작업 플로를 개선하는 것을 넘어섰다. AI는 배우도 복제한다. 스타워즈 다스 베이더(Darth Vader)의 목소리로 유명한 제임스 얼 존스(James Earl Jones)는 디즈니+의 오리지널 시리즈 〈오비완 케노비(Obi-Wan Kenobi)〉에도 등장한다. 그러나 존스는 실제로 이 작품에 출연하지 않았다. 존스의 목소리는 우크라이나 보이스 클로닝 스타트업 리스피처(Respeecher)에 의해 AI로 재탄생한 것이었다.

과거에도 VFX로 노배우의 젊은 모습을 재현하거나 사망한 배우들을 살려 내는 경우는 종종 있었다. 그러나 AI가 더 발전한 지금은 유명 창작자의 특성을 복제해 작품을 무한대로 만들어 낼 수도 있다. 미국 연예 기획사 CAA 소비자 투자 대표(Head of Consumer Investing)를 맡고 있는 마이클 블랭크(Michael Blank)는 악시오스와 한 인터뷰에서 "사망한 유명 작곡가가 즐겨 쓰던 코드로 (그 또는 그녀의) 새로운 음악을 만들어 낼 수 있다"며 "만약 한스 짐머나 존 윌리엄스 혹은 다른 유명한 작곡가의 AI 트레이닝 데이터를 영화에 사용한다면 인간들은 그 영화에 대해 어떻게 평가할까?"라고 말했다.

이렇듯 AI, 특히 생성형 AI는 엔터테인먼트 산업 지형을 이미 바꾸기 시작했다. 이 때문에 많은 우려도 나온다. 블랭크는 "AI 발전은 좋은 일이지만 현장에서 책임감과 윤리적 사용이 필수다"라며 "많은 인간이 AI가 가지고 올 변화와 문제점 등을 다양한 각도에서 논의하는 것이 중요하다"고 말했다.

음악 스트리밍에 챗GPT가 개입하는 것도 더이상 어색한 일은 아니다. 인간의 목소리로 사용자의 취향에 맞는 음악을 추천해 주는 AI DJ가 드디어 등장했다. 글로벌 1위 오디오 스트리밍 플랫폼 스포티파이는 최근 생성형 AI DJ를 앱에 데뷔시켰다. 스포티파이의 AI DJ는 사용자가 이전에 들었던 음악 리스트를 바탕으로 음악을 추천해 준다. 놀라울 정도로 구독자의 음악 취향을 잘 맞히며 '사실적인 목소리'가 강점이다.

AI DJ를 도입하기 전에도 스포티파이는 데일리 믹스, 디스커버 위클리 오토 플레이리스트 등 개인 전용 청취 기능을 도입했다. 그러나 이런 개인 전용 청취 기능과 AI DJ의 가장 큰 차이점은 오픈AI의 생성형 AI 기술과 스포티파이의 개인화 기술(Personalization Technology)을 결합했다는 점이다. 스포티파이는 이용자가 듣는 음악이나 가수, 장르와 관련한 더 심층적인 정보를 제공하기 위해 AI 기술을 음악 에디터들의 손에 맡겼다고 밝혔다. 결국 알고리즘이 아닌 AI 기술을 통해 음악을 고르고 취향에 맞는 작품을 선정하는 작업이 개인을 더 잘 이해하며 훨씬 정교해질 수있다.

개인의 음악적 취향에 기반해, 스포티파이 DJ는 이용자가 좋아할 것이라고 생각되는 새로운 음반을 찾거나 혹은 이용자가 과거에 반복 청취했던 곡을 다시 추천한다. 또 청취자들의 피드백을 반영한 음악 라인업을 끊임없이 만들어 낸다. 만약 DJ가 재생하고 있는 음악 리스트가 마음에 들지 않는다면 'DJ' 버튼을 클릭해 다음 장르나 무드 음악으로 점프할 수 있다.

특히 새로운 스포티파이 DJ는 생성형 AI의 장점을 최대한 활용한다. 스포티파이의 최고 R&D 대표 구스타프 쇠데르스트룀(Gustav Soderstrom)은 보도자료에서 "AI DJ는 인간처럼 생각하고 답을 전달하는 생성형 AI 특성을 반영, 각각 개인을 위한 음악 추천과 개인 취향 뮤직 리스트를 제공한다"며 "당신이 뭘 들을지 모르는 상황에서도 늘 AI는 도와준다"고 강조했다.

하지만 AI 추천 알고리즘이 위험한 측면도 있다. 인간들이 원하는 음악이나 평소에 들었던 장르만을 추천해 음악 다양성이나 음악 콘텐츠의 소비 종류를 크게 줄일 가능성이 있기 때문이다. 오디오 시장은 생성형 AI DJ뿐만 아니라 보이스 명령 기술의 발전으로 크게 변화하고 있다. 음악 구독 모델의 장점은 자신도 모르는 추천 음악을 듣고 의외의 즐거움을 찾는 것이지만, AI DJ의 추천은 이런 상황을 기대하기 어렵다. AI DJ는 당신의 이름을 부르고 취향과 음악 소비 습관을 정확히 파악해 심지어 시간대까지 맞춰 음악을 골라 준다. 따라서 스트리밍 플랫폼의 특징 중 하나인 새로운 콘텐츠를 검색하는 데 시간을 쓰는 상황은 사라질 수 있다.

참고문헌

김동규(2024.10.29). 창작 영역까지 침투한 AI… 3년후 8300만개 일자리 사라진다 [AI, 미래 직업을 바꾸다]. 파이낸셜뉴스. https://www.fnnews.com/news/202410291817445645

네이버 지식백과. 음악 산업. https://terms.naver.com/entry.naver?docId=3377159&cid=42219&categoryId=58218

이원지(2024.10.17). "죽은 딸이 챗봇으로"… 부모 두 번 울린 美 AI업체 무단 도용. 전자신문. https://www.etnews.com/20241017000128

한정훈(2023). AI가 바꾸는 산업들. Media Issue & Trend. https://www.kca.kr/Media_Issue_Trend/vol55/KCA55_13_issue3.html

vuta(2023.6.7). AI가 엔터테인먼트 산업의 면모를 어떻게 변화시키고 있을까? https://1994mezuki.tistory.com/entry/AI가-엔터테인먼트-산업의-면모를-어떻게-변화시키고-있을까

01
AI와 아티스트

아티스트가 하는 일은 AI가 대체하고 있다. 곡을 쓰고, 노래를 부르고, 연주하고, 또 연기한다. 이와 관련한 산업계 전반의 변화를 다룬다.

AI와 1인 창업?

AI 아티스트

아티스트의 사전적 의미는 '예술 작품을 창작하거나 예술적 표현을 통해 감정을 전달하는 인간. 주로 회화, 조각, 음악, 연극, 무용, 문학 등의 분야에서 활동하는 인간'으로 정의된다.

눈여겨봐야 하는 단어는 '인간'이다. 우리는 인간 외의 다른 주체를 '아티스트'라 지칭하지 않는다.

AI, 즉 인공지능은 인간이 만들어 낸 지능이다. 인간이 만들어 낸 지능을 탑재한 존재를 우리는 아티스트라 칭하지 않는다. AI라는 형용사를 반드시 사용한다. 그렇다면 여기서 짚고 넘어가야 하는 것이 있다. 바로 예술이 무엇인가 하는 점이다.

예술의 사전적 의미는 미(美)를 표현하고 창조하는 활동이다. 인간의 감정, 사상, 이상 등을 독창적이고 창의적인 방식으로 표현하며, 미적 가치를 추구하는 활동이나 작품이다. 대표적으로 회화, 조각, 음악, 문학, 연극, 영화, 무용 등이 포함된다. 또한 이는 단순히 창의적인 표현뿐만 아니라 정교하고 세련된 기술이 요구되는 활동이나 작품을 가리킬 때도 사용된다. 이어서 이는 개인의 창의성과 사회적, 문화적 배경이 결합되어 새로운 형태의 감동과 영감을 제공하는 행위나 산물을 뜻한다.

그렇다면 여기서 한 가지 논리를 성립시킬 수 있다. 인간이 아닌 존재라도 미를 표현하고 창조하는 활동을 할 수 있으며, 인간의 감정, 사상, 이상 등을 독창적이고 창의적인 방식으로 표현하며, 미적 가치를 추구하는 활동이나 작품을 창조 할 수 있다면, 우리는 이 존재의 활동을 '예술'이라 부를 수 있을 것이다. 그리고 우리는 이 존재를 아티스트라 칭할 수 있을 것이다.

현재 AI 업계의 전문가들은 인공지능 기술을 활용해 예술 작품을 생성하거나 창작 활동을 하는 주체를 'AI 아티스트'로 정의하며, 이를 크게 두 가지 방식으로 해석한다.

우선 AI 시스템 자체가 아티스트로 간주되는 경우다. AI 알고리즘이 독립적으로 창작물을 생성할 때, 그 알고리즘이나 시스템 자체를 'AI 아티스트'라고 부를 수 있다. 예를 들면 에이바(AIVA, Artificial Intelligence Virtual Artist)처럼 AI 프로그램이 일반적인 음악이나 게임이나 영화 배경음악을 창작하는 경우다. 에이바는 기존 음악 데이터를 학습해 스타일을 분석하고 새로운 곡을 작곡한다. 2016년에 프랑스 음악저작권협회(SACEM)로부터 공식 작곡가로 인정받기도 했다.

이 외에도 누구나 간단히 AI 음악을 생성할 수 있는 앱퍼 뮤직(Amper Music), 열 가지 이상의 악기를 사용해 클래식부터 재즈, 팝에 이르기까지 여러 장르를 아우르는 음악을 창작할 수 있는 오픈AI의 뮤즈넷(MuseNet), 팝송 전문 프로그램인 플로머신즈(Flow Machines) 등이 있다. 이 시스템들의 경우, AI 아티스트는 인간적인 감정이나 의도를 가지지는 않지만, 창작의 주체로 간주될 수 있다.

또 하나는 AI와 인간 아티스트가 협력하는 경우다. 이 경우 AI는 인간 아티스트가 창작 작업을 더 효율적이고 창의적으로 할 수 있도록 돕는 도구로 사용되며, 이때 AI도 아티스트의 일부로 간주될 수 있다. 예를 들면 타린 서던(Taryn Southern)은 AI 작곡 툴인 앰퍼 뮤직과 협력, 세계 최초로 AI와 협업한 앨범을 발표했다. 타린은 가사와 멜로디를 담당하고, 앰퍼 뮤직은 기악 편곡을 생성해 인간적인 감성과 AI의 기술적 세련미가 결합됐다는 평을 받았다. 이러한 경우에는 인간과 AI가 함께 창작 활동을 하므로, AI는 '조력자' 또는 '파트너' 역할을 한다.

이처럼 다양한 AI가 스스로 예술 작품을 창조하거나 아티스트들과 협업을 하고 있지만 역시 우리에게 친숙한 AI 아티스트는 인공지능을 활용해 노래, 춤, 연기, 소셜미디어 활동 등을 통해 관객에게 즐거움을 주는 디지털 캐릭터일 것이다.

K팝의 왕국인 대한민국에서 가장 대중적으로 알려진 AI 엔터테이너들을 꼽으라면 우선 나이비스를 들 수있다. 나이비스는 지난 2020년 11월 데뷔한 걸그룹 '에스파(aespa)'의 세계관 시즌 1에서 처음으로 대중에게 소개된 후 2024년 9월 10일 데뷔 싱글 〈던(Done)〉으로 공식 데뷔한 버추얼 아티스트다. SM엔터테인먼트 측에 따르면 나이비스는 AI 보이스 기술로 구현되는 목소리, 생성형 AI로 제작되는 콘텐츠 등을 통해 음악뿐 아니라 웹툰, 게임, 브랜드 컬래버레이션 등 다양한 영역에서의 활동을 위해 탄생한 아티스트다.

카카오엔터테인먼트의 메이브(MAVE:)도 있다. 이 AI 걸그룹은 지난 2023년 1월 25일 싱글 〈판도라〉를 발매하며 데뷔했다. 마티(MARTY:), 티라(TYRA:), 제나(ZENA:), 시우(SIU:)로 구성된 이 4인조 그룹은 게임 회사 넷마블의 자회사인 메타버스 엔터테인먼트 소속이다. 메이브는 모든 멤버가 AI로 구동되는 완전한 디지털 걸그룹이다. 이들도 나이비스처럼 실제 인간이 아닌 가상의 아이돌이다.

플레이브(PLAVE)도 있다. 블래스트(VLAST)사 소속 가상 아이돌 그룹인 플레이브는 은호, 밤비, 예준, 노아,

하민으로 구성된 5인조 보이그룹이다. 플레이브는 2023년 3월 12일 〈기다릴게〉로 데뷔하고 약 1년 만인 2024년 3월 〈웨이 포 러브(WAY 4 LUV)〉로 MBC 〈쇼! 음악중심〉에서 1위를 차지하며 주목을 받았다. 플레이브는 나이비스와 메이브와는 다르게 캐릭터들 뒤에 실제 인간들이 있다. 외부에 공개되지 않은 이 '인간'들의 목소리, 움직임, 춤이 각 캐릭터에 고스란히 반영된다. 완전한 AI 가상 아이돌은 아니지만 AI 모션 캡처링 기술 등이 접목됐기에 인간 아티스트가 창작 작업을 더 효율적이고 창의적으로 할 수 있도록 돕는 도구로 사용된 것으로 보고 아티스트의 일부로 간주된다.

주목해야 할 것은 이들의 성적표다. 나이비스의경우 신곡 〈던〉의 뮤직비디오가 공개된 지 하루 만에 80만이 넘는 조회수를 기록했다. 댓글도 호평 일색이다. 3D 아바타의 표현력과 자연스러운 움직임, 현실에 가까운 배경까지 기술력이 돋보였기 때문이다. 증권가에서는 나이비스의 기술력이 너무 뛰어난 나머지 나이비스를 탄생시킨 SM엔터테인먼트의 주가를 걱정하는 목소리가 나오기도 했다. 나이비스 데뷔 후 NH투자증권은 SM엔터테인먼트 목표 주가를 이전보다 9% 하향했다. 제작 퀄리티가 예상을 뛰어넘었기 때문이다. 이화정 애널리스트는 “나이비스의 첫 프로모션 콘텐츠로 4분 길이의 영상이 공개됐는데 해당 영상의 높은 퀄리티를 감안할 때 편당 제작비가 결코 낮지 않을 것으로 예상된다”며 “훨씬 퀄리티가 낮았던 과거 버추얼 휴먼 ‘한유아’의 3분 길이 뮤직비디오 제작비가 5억 원에 달하는 것으로 알려졌는데 시각효과 기술(VFX) 및 보이스 AI 등 제작 비용을 감안하면 나이비스 관련 데뷔 비용이 기존 추정치보다 높아졌을 것으로 본다”고 분석했다. 비용이 늘어 수익이 줄어들 것으로 예상, 목표 주가를 낮췄다는 얘기다.

플레이브의 활약도 상당하다. 플레이브는 2024년 음악 스트리밍 플랫폼 멜론에서 차트 1위를 기록한 유일한 남자 아이돌에 등극했다. 역대 멜론 톱100 1위에 오른 K팝 남자 아이돌 그룹은 방탄소년단(BTS), 빅뱅, 엔시티 드림, 세븐틴, 엑소, 플레이브까지 여섯 그룹에 불과하다. 플레이브가 AI적 요소를 담은 버추얼 아이돌이라는 점을 가정해 볼 때 역대 최초로 멜론 차트 1위에 등극한 남성 버추얼 아이돌인 셈이다. 음악 방송에서도 2024년 3월과 8월 두 차례에 걸쳐 1위를 차지했다. 이어 2024년 4월에는 서울 올림픽공원 올림픽홀에서 단독 콘서트를 개최하기도 했다. 공연은 전석 매진을 기록했다.

팬덤의 화력이 숫자로 나타나는 앨범 판매량에서도

의미 있는 성적을 냈다. 플레이브의 데뷔 앨범은 초동 음반 판매량 2만7000장을 기록했고, 미니 1집은 초동 20만 장, 미니 2집은 초동 50만 장을 넘어서며 판매량이 배로 성장했다. 인기는 굿즈 판매량에서도 확인된다. 지난 3월 더현대에서 진행한 팝업스토어에서 굿즈 판매 수익은 30억 원을 넘어섰다. 함께 진행된 버추얼 아이돌 이세계 아이돌 · 스텔라이브 · 플레이브 등의 팝업스토어에는 10만 명이 다녀갔고 70억 원 이상의 매출을 기록했다.

이 같은 AI 아티스트 혹은 엔터테이너들의 호성적은 여러 가지를 의미한다. 우선 엔터테인먼트의 주체가 반드시 인간이 아니더라도 성공할 수 있다는 거대한 가능성의 문이 열렸다. 인간이 아니기 때문에 물리적 한계를 초월해 전 세계 팬들에게 다가갈 수 있는 이점도 있다. 실제 아이돌들이라면 해당 국가의 언어와 문화를 공부해야 하고, 이를 실현하기 위해 상당한 자본과 시간이 소요되지만 AI 아티스트들은 언어, 문화적 차이를 단숨에 초월할 수 있다. 이에 따라 다양한 팬층에게 맞춘 콘텐츠를 제공하며 글로벌 아티스트로 자리 잡게 될 가능성이 높아진다. 또한 소셜미디어와 메타버스 플랫폼을 통해 팬들과 실시간으로 소통하면서 더 큰 커뮤니티를 형성할 수 있는 가능성도 높아진다.

무궁무진한 팬덤의 영역

팬덤의 영역으로 들어오면 가능성은 더욱 무궁무진해진다. 팬들의 데이터를 분석해 개개인의 취향에 맞춘 음악, 비디오, 스토리를 제공할 수도 있다. 예를 들어 특정 팬의 기분이나 활동 기록에 따라 개인화된 메시지나 콘텐츠를 제작할 수 있고, 시공을 초월해 실시간으로 팬들과 소통하며 독특한 경험을 창출할 수도 있다. 팬들 요청에 따라 곡을 제작하거나, 팬들과 함께 무언가를 창작하는 팬 참여형 콘텐츠가 확대될 수 있으며,. 팬 커뮤니티 내에서의 연결을 강화해 팬들이 단순히 관람객이 아니라 나이비스 세계의 일부가 되는 경험을 제공할 수 있다.

전통적인 아이돌이나 아티스트와 협업해 새로운 형태의 콘텐츠를 만들어 낼 가능성도 크다. 인간 아티스트와 듀엣 공연, 가상과 현실이 융합된 뮤직비디오 제작 등 다양한 프로젝트에 참여할 수 있다. 다양한 브랜드와 협업해 광고나 프로모션에서도 독창적인 역할을 수행할 가능성도 높다.

전 세계 어디서든 홀로그램 기술을 통해 실제 공연과 같은 경험을 제공할 수 있으며, 팬들이 가상 세계에서 함께 공연을 체험하거나 무대에 오르는 경험을 할 수도 있다.

창작의 영역에서도 새로운 영역을 구축할 수 있다. 팬들의 반응과 니즈를 데이터화하고 AI 기술을 통해 독립적으로 새로운 음악, 춤, 스토리를 창작할 수 있는 능력을 갖추게 될 확률이 높다.

또한 이를 바탕으로 아이덴티티의 진화도 점쳐진다. AI 기술과 더불어 서사적 요소를 추가해 자신만의 고유한 세계관과 이야기를 만들어 나갈 수 있다. 예를 들어 팬들과의 상호 교류를 통해 캐릭터와 배경 스토리가 지속적으로 업데이트되며, 팬들에게 더 많은 몰입감을 제공할 수 있게 된다.

수익성 극대화에도 인간 아티스트보다 유리한 고지를 점령할 수 있다. 음악 판매 외에도 NFT(대체불가능토큰), 독점적인 디지털 굿즈, 메타버스 내 유료 팬 미팅 같은 새로운 수익 모델을 통해 경제적 성공을 거둘 가능성이 있다. 팬들이 나이비스의 콘텐츠와 상호작용하면서 직접적인 경제적 참여를 할 수 있는 기회도 늘어날 것으로 전망된다.

AI 아티스트들의 기술, 창의성, 그리고 팬과의 연결을 기반으로 기존 아이돌과는 전혀 다른 방식으로 성장할 가능성이 크다. 기술의 발전 속도와 팬들의 지지가 결합한다면, 이들은 아류를 넘어 미래의 엔터테인먼트 산업을 대표하는 가상 아티스트들로 자리잡게 될 확률이 매우 높다.

참고문헌

박동선(2024.9.19). 박준영 SM엔터 CCO, "30여년만의 첫 도전 나이비스, 플렉서블 SMCU 시작점"[인터뷰]. 전자신문. https://www.etnews.com/20240919000148

박소진(2024.12.2). 플레이브, 'MMA 2024' 2관왕 "플리 덕분". 매일경제. https://star.mbn.co.kr/view.php?year=2024&no=934010

02
AI와 아티스트 매니지먼트

아티스트에게 좋은 매니지먼트는 성공의 보증수표다. AI가 아티스트로서 활동을 하게 된다면, 매니지먼트 업계는 어떻게 이에 대응해야 하는지 알아본다.

AI와 MBTI?

아티스트 관리의 혁신

음악 산업에서 AI의 등장으로 음악 레이블이 아티스트를 관리하는 방식이 변화하고 있다. 새로운 인재 발굴부터 마케팅 전략 최적화, 팬과의 소통 강화까지 AI는 음악 업계 경영진의 필수 도구가 되어 가고 있다.

음악 산업에서 능력있는 아티스트 매니지먼트의 기능은 때로는 아티스트의 재능 그 이상의 가치를 지닌다. 매니저는 아티스트를 '직업적'으로 관리하는 인간이다. 아티스트 매니저들은 아티스트의 '음악적 재능'을 홍보·마케팅하고, 그 결과 음반과 공연 수익을 내는 것을 궁극적인 목적으로 한다. 아티스트 매니저는 시장에 아티스트들이 진출할 수 있는 모든 기회를 찾기 위해서, 새로운 제품 기술과 대중문화라는 음악 분야의 트렌드를 지속적으로 탐구해 자신과 계약한 아티스트 성공을 위해 접목한다.

따라서 아티스트 매니저들은 전반적인 음악 업계뿐만 아니라 경제, 사업, 법률 등 다양한 분야에 걸쳐 방대한 정보를 습득한 사람들이다. 또한 자신들이 관리하고 있는 아티스트의 주요 고객들이 누구인지 분석하고 팬들 외에도(물론 공연 티켓, 음반, 기념품, 디지털 상품을 구매해 주는 팬들은 고객 리스트 중 가장 중요하다) 콘서트 홍보 담당자, 에이전트, 스폰서, 아티스트 팀의 멤버들, 상업 라디오, 인쇄 및 디지털 미디어, 그리고 아티스트에게 도움을 줄 수 있는 모든 사람과 거미줄 같은 관계를 형성해 말 그대로 아티스트의 성공을 위해서라면 '무엇이든' 해내는 수퍼맨들이다.

아티스트 관리 효율화

아티스트 매니저들은 아티스트의 일정 관리, 계약 협상, 소셜미디어 관리, 투어 계획 등 다양한 업무를 진행한다. AI 기반 도구는 이러한 작업 중 많은 부분을 자동화해 아티스트 매니저들이 전략적 의사 결정에 집중할 수 있게 한다. 예를 들어 AI는 시장 동향과 스트리밍 데이터를 분석해 투어 일정과 장소를 최적화해 최대한의 관객과 수익을 보장할 수 있다. 또한 AI 분석 도구는 아티스트의 성과에 대한 귀중한 인사이트를 제공해 브랜딩, 협업, 프로모션 전략에 대해 정보에 기반한 결정을 내리는 데 도움을 준다. IBM 왓슨(Watson)과 구글 클라우드(Google Cloud)의 AI 같은 도구는 소셜미디어 트렌드와 팬 상호작용을 분석해 관객이 무엇에 공감하는지 더 깊이 이해할 수 있게 한다. 팬들과 아티스트의 상호작용, 즉 교감이 깊으면 깊을수록 양측의 유대관계는 강력해진다. 그리고 이들의 강력한 유대관계는 아티스트에 대한 팬들의 충성도를 끌어올려 궁극적으로는 음원 및 음반 판매율, 굿즈 판매율, 팬미팅 참여도, 나아가 공연 참석률을 끌어올리며 수익 극대화에 지대한 영향을 끼치게 된다.

즉, AI는 아티스트 매니지먼트의 아티스트 관리를 혁신적으로 변화시키며, 효율성, 창의성, 소통에서 전례 없는 기회를 제공할 수 있다. AI의 잠재력을 최대한 활용하면서 그와 관련된 도전 과제에 대응하는 것이 아티스트, 매니저, 팬 모두에게 큰 이익이 될 것이다.

아티스트와 팬들 간의 소통 강화

작금의 디지털 미디어 시대에 팬과의 소통은 아티스트 성공에 필수적이다. AI는 아티스트가 팬들에게 개인화되고 상호작용적인 경험을 제공할 수 있도록 돕는다. 자연어 처리(NLP) 기반의 챗봇은 소셜미디어에서 팬들과 소통하며 질문에 답변하고 새로운 발매나 투어에 대한 정보를 제공할 수 있다. AI는 또한 개인화된 플레이리스트와 콘텐츠 추천을 통해 팬 경험을 향상시킨다. 게다가 AI가 주도하는 가상현실(VR)과 증강현실(AR) 기술은 팬과의 상호작용을 위한 새로운 길을 열고 있다. 가상 콘서트와 만남의 장을 통해 팬들에게 독특하고 몰입감 있는 경험을 제공해 아티스트와의 연결을 강화한다.

마케팅 전략 최적화

아티스트 매니지먼트의 가장 중요한 기능 중 하나는 단연코 아티스트 마케팅이다. 아티스트 마케팅은 빠르게 진화하고 있으며 AI는 그 변화의 최전선에 있다. AI는 소비자 행동과 시장 동향을 분석해 적시에 올바른 청중에게 도달할 수 있는 타깃 마케팅 캠페인을 세우는 데 도움을 준다. 예측 분석을 통해 마케팅 이니셔티브의 성공을 예측하고 실시간으로 조정해 최대한의 효과를 낼 수 있다. 예를 들어 AI는 계절성, 시장 포화도, 청취자 습관과 같은 요인에 따라 신곡 발매의 최적 시기를 파악할 수 있다. 또한 소셜미디어, 스트리밍 플랫폼, 전통적인 미디어 중에서 가장 효과적인 홍보 채널을 결정할 수 있다. 또한 비디오 광고, 소셜미디어 콘텐츠, 포스터 등을 자동으로 생성할 수 있다. 청중의 온라인 활동을 분석해 특정 취향에 맞는 광고를 배치함으로써 효율성을 극대화할 수있며, 특정 곡이나 앨범이 어떤 집단에서 인기를 끌 가능성이 높은지 예측해 마케팅 전략을 미리 조정할 수있다. 기존 음악 마케팅 방법에 비해 엄청난 양의 시간과 비용을 절약할 수 있는 것이다.

AI로 숨겨진 인재 발굴하기

이러한 아티스트 매니저들에게 새로운 재능의 발견은 가장 중요한 업무 중 하나다. 매니징(관리)할 아티스트가 없다면 자신들의 존재 이유도 없을 테니 말이다. AI의 등장은 새로운 재능의 발굴에 신기원을 마련하고 있다. 전통적인 아티스트 발굴 방식은 시간이 많이 소요되고 인간의 편견에 영향을 받기 마련이다. 반면 AI는 유튜브, 스포티파이, 사운드클라우드(SoundCloud)와 같은 다양한 플랫폼에서 방대한 데이터를 분석해 잠재력이 있는 신예 아티스트를 식별할 수 있다. 머신러닝 알고리즘은 아티스트 보컬의 선호도, 가사 내용, 관객 참여도와 같은 요소를 평가해 성공 가능성이 높은 아티스트를 예측할 수 있다. 예를 들어 A&R 팩토리(A&R Factory)와 같은 플랫폼은 AI를 사용해 수백만 곡을 필터링해 음악 레이블에 유망한 인재 목록을 제공한다. 이는 발굴 과정을 가속화할 뿐만 아니라 보다 다양하고 포괄적인 아티스트 선택을 보장한다. 아티스트 매니저들은 이제 예전처럼 재능 있는 아티스트를 발굴하기 위해 발품을 팔거나, 지인들을 통해 소개를 받거나, 혹은 운에 의존하는 대신 간단히 사무실 컴퓨터를 통해 본인이 관리하고 싶은 아티스에 대한 정보를 입수한 후 곧바로 연락을 취할 수 있다. 이는 아티스트 매니저들에게는 물론이거니와 뛰어난 아티스트 매지너들과 연결되고 싶어 하는 수많은 신인 혹은 무명 아티스트 모두에게 엄청난 기회를 제공할 수 있게 된 것이다.

AI 매니저

능력 있는 아티스트 매니저들이 재능 있는 아티스트를 찾는 일보다, 재능은 있으나 경험이 부족한 신인 아티스트들이 자신들을 스타로 만들어 줄 훌륭한 매니저를 찾는 일이 몇 배는 더 어려운 일이다. 특히 자금이 부족한 신인 아티스트에게 매니저를 구하는 일은 어려운 과제다. AI 매니저가 바로 이 문제를 해결할 수 있다. AI 매니저는 아티스트들이 매니저를 찾고 고용할 때 겪는 어려움을 해결하며 필요한 지원을 제공할 수 있다. AI 도구인 MNGRS.AI의 예를 들어 보자.

신인 아티스트라면 MNGRS.AI 같은 툴을 사용해 각 아티스트에 맞춤화된 첫 6주간의 싱글 발매 계획을 생성할 수 있다. 이 계획에는 소셜미디어 홍보, 팬들에게 보낼 이메일, 공유할 배너, 그리고 홍보 피치 등이 포함된다. AI는 몇 가지 세부 정보를 바탕으로 다양한 음원 발매 계획을 만들어 낼 수 있다. 또한 이를 바탕으로 시장

트렌드와 경쟁 상황을 분석해 음원 발매와 관련해 최적 시기를 추천할 수 있으며, 차기 음원 및 앨범 발매 시 새로운 곡의 샘플을 분석하고, 청중의 선호도에 따라 수정 방향을 제안할 수 있다.

또한 AI는 매니지먼트 업무에서 기본 중의 기본인 스케줄 관리에 최적화돼 있다. AI는 공연 일정, 인터뷰, 팬 이벤트 등을 자동으로 정리하고, 겹치지 않도록 최적의 스케줄을 생성할 수 있으며 중요한 일정이나 마감일을 잊지 않도록 알림을 설정하고, 실시간으로 변경 사항을 업데이트할 수 있다.

참고문헌

Adelstein, L.(2024.7.21). Revolutionizing Artist Management: How AI is Transforming Music Labels. Medium. https://medium.com/@adelstein/revolutionizing-artist-management-how-ai-is-transforming-music-labels-5c39db4114ff

MNGRS.AI. https://mngrs.ai/

03
AI와 고용

엔터테인먼트 산업에는 다양한 직업이 존재한다. AI의 등장으로 직면한 직업군의 변화에 대해 알아본다.

AI와 난임 극복?

AI 시대, 어떤 직업군이 위험한가?

AI의 등장으로 인해 기존 일자리들이 위협을 받고 있으며 우려는 현실화되고 있다. 2024년 재취업 컨설팅 업체 챌린저, 그레이 앤드 크리스마스(CGC)의 집계에 따르면 2023년 5월 이후 미국에서 4,600명 이상이 AI 관련 인력 조정의 일환으로 감원된 것으로 드러났다. AI 인력을 충원하기 위해 기존 직원을 해고하거나, AI 기술 도입으로 더는 필요 없게 된 직원들을 해고했다는 것이다.

그뿐 아니라 여론조사 기관 갤럽이 2023년 포춘지 선정 글로벌 500대 기업 인사 담당자를 대상으로 실시한 조사에선 응답자 4명 중 3명이 향후 3년 이내에 소속 기업에서 AI가 기존 일자리를 대체하는 양상을 볼 수 있을 것이라고 대답했다. CGC 챌린저 수석부회장은 "AI의 도움을 받으면 1년 전이라면 4~5명이 할 일을 1명이 처리할 수 있다는 시나리오들이 나오고 있다"면서 "비록 대대적 발표는 없더라도 현장에선 이런 일이 벌어지고 있는 것"이라고 언론과의 인터뷰를 통해 밝혔다.

엔터테인먼트 업계 상황도 마찬가지다. 컨설팅 회사 CVL 이코노믹스(CVL Economics)가 미국 애니메이션 길드, 콘셉트아트 협회, 휴먼 아티스트리 캠페인, 내셔널 카투니스트 소사이어티 재단의 의뢰로 엔터테인먼트 산업의 C-레벨 임원, 고위 임원, 중간 관리자, 프로듀서 등 300명의 산업 리더들을 대상으로 대상으로 2024년 실시한 설문조사를 바탕으로 진행한 연구에 따르면, 향후 3년 동안 AI의 발전으로 캘리포니아에서 영화, TV, 음악, 게임을 포함한 엔터테인먼트 분야에서 약 2,000개의 일자리가 타격을 받을 것이라는 새로운 결과가 나왔다.

또한 같은 기간 동안 미국 전역에서 약 20만 4,000개의 엔터테인먼트 관련 일자리가 AI의 영향을 받을 것으로 추산했다. AI의 등장으로 사라질 위험에 처한 직업들일수록 엔터테인먼트 산업으로 진입할 수 있는 필수적인 경력 경로를 제공하므로, AI에 의한 일자리 대체가 신규 인재의 기회를 축소시킬 수 있다는 우려도 낳고 있다.

영화 및 TV 산업군

영화 및 TV 산업군에서 AI의 영향을 받을 가능성이 높은 직무로는 3D 모델러, 그래픽 디자이너, 애니메이터, 대본가와 같은 직무들을 들 수 있다

영상 편집 및 후반 작업의 경우 AI를 기반으로 한 소프트웨어를 사용해 컷 선택, 색 보정, 시각 효과 적용을 자동화해 편집자의 작업 속도를 대폭 향상시킬 수 있다. 딥페이크 및 얼굴 합성 기술은 특정 배우의 디지털 대역을

생성하거나, 장면의 얼굴이나 표정을 바꾸는 작업을 간단히 바꿀 수 있다. 또한 특수효과(VFX) 및 애니메이션의 경우 AI 기반 VFX 생성 기능을 통해 복잡한 배경이나 캐릭터 애니메이션을 AI가 자동 생성, 보완함으로써 작업 시간이 크게 단축될 수 있다. 또한 게임 엔진 기반의 실시간 렌더링 기술과 결합해 더 빠르고 현실적인 결과물을 제공할 수 있다.

영화 및 TV산업군 내 초보적인 직업군만 직업을 대체당할 위험에 처해 있는 것이 아니다. 배우, 시나리오 작가는 물론 프로덕션 전체가 생존의 기로에 놓일 수 있다.

디지털 휴먼과 가상 배우의 등장으로 기존 배우도 대체될 수 있다. AI로 생성된 디지털 휴먼은 배경 인물이나 단역 역할을 대신할 수 있으며 실제 배우 대신 AI로 완전히 생성된 캐릭터가 주요 역할을 맡는 사례도 점차 증가할 가능성이 있다. 성우도 마찬가지다. AI 음성 합성 기술을 사용해 성우의 목소리를 모델링한 AI가 더빙과 내레이션을 자동화할 수 있다.

시나리오 작성 및 대본도 인간이 아닌 AI에 의해 창작될 수 있다. AI의 텍스트 생성 기술을 활용해 창의적인 스토리를 매우 빠르게 작성할 수 있다. 시나리오 초안 작성을 작성하는 것은 물론 기본 줄거리와 캐릭터 구성을 작성해 작가의 작업을 보조할 수 있다. 또한 관객의 데이터(선호도, 시청 기록)를 분석해 맞춤형 스토리라인을 생성하며 개인화된 콘텐츠 제작이 가능해진다. 아이디어 발굴 및 트렌드 분석도 가능하다. AI는 소셜미디어와 대중의 반응을 분석해 현재 인기 있는 주제와 트렌드를 식별하고, 창작자들에게 유용한 아이디어를 제공할 수 있다.

영화 및 TV의 프로덕션 관리 및 효율성 향상에도 변화가 예상된다. AI를 이용해 촬영 일정 최적화, 예산 관리, 적합한 촬영 장소 추천 등의 역할을 수행할 수 있다.

촬영의 영역에서는 AI의 역할이 더욱 커질 수 있다. AI를 접목시킨 드론을 사용하면 정밀하고 창의적인 촬영 각도를 자동으로 설정할 수 있으며 AI 기반 카메라는 배우의 동작을 추적하고, 조명을 자동으로 조절해 촬영 품질을 높일 수 있다. 이는 이전에 인간이 촬영하기엔 너무 위험했던 장면을 촬영할 수 있게 되거나, 인건비는 물론 기상 조건이나 지형 등에도 구애받지 않고 언제 어느 때건 영상 콘텐츠를 제작해 낼 수 있다는 것을 의미한다. 자연스레 인간을 고용하는 것보다 실용도는 높고 비용은 몇 배나 절약할 수 있다.

음악 산업군

음악 산업 내 직업군의 미래도 그리 밝다고 말할 수 없다. 우선 작곡가들이 가장 큰 도전에 직면해 있다고 할 수 있다. AI는 특정 스타일의 음악을 빠르게 생성할 수 있는 특장점이 있다. 특히 광고, 영화, 게임 등에서 사용되는 배경 음악 제작에 AI의 사용이 많아질 수밖에 없다. 실제 작곡가들을 고용할 경우 곡 제작 비용은 천차만별이며, 작업에 소요되는 시간도 제각각이다. AI는 특정 스타일의 음악을 빠르게 생성할 수 있다. 원하는 스타일, 장르 등 기초적인 정보만 제공해도 즉각적으로, 그리고 원하는 수만큼 곡을 생산해 낸다. 물론 이용도 저렴하다. 따라서 광고, 영화, 게임 등에서 사용되는 배경 음악 제작에 점차 활용도가 높아진다. 또한 스톡 음악 라이브러리를 자동으로 생성해 반복적이고 단순한 음악 작업을 대체할 수 있다.

광고, 영화, 게임 등이 아니라 가수 등 보컬 아티스트를 위한 곡은 아직까지는 작곡가의 창의성이 강조된다. 그러나 이 영역에도 AI의 침투는 시작됐다. AI는 인간 작곡가의 작곡 초안을 제공하는 도구로 활용되며, 인간 작곡가가 이를 기반으로 세부 조정을 수행하는 방식으로 협업을 가능케 한다.

연주 및 공연 분야에도 AI가 침투하고 있다. 우선 스튜디오에서 녹음을 위해 고용되는 세션 뮤지션은 AI 생성 음악과 가상 악기 기술로 대체될 확률이 높다. 백업 밴드 및 오케스트라 연주자도 마찬가지다. 가상 악기와 AI 오케스트레이션 소프트웨어는 백업 연주나 배경음악 제작을 쉽게 대체할 수 있을 것이다.

보컬 및 성우도 대체 가능성이 높은 직업군에 속한다. 특히 데모 녹음 및 백그라운드 보컬리스트들은 AI로 인해 직업을 잃을 확률이 매우 높다. AI 보컬 합성 기술은 실제 인간처럼 노래를 부를 수 있어, 데모나 백그라운드 보컬 녹음에 사용될 수 있다.

국내 유수의 AI 보컬 사운드 제작사 오드아이가 선보인 복스 팩토리(Vox Factory)의 경우 월 3만 원대의 사용료로 원하는 가이드곡을 남녀의 목소리는 물론 영어, 일어 등 외국어로도 제작이 가능하다. 성우 및 더빙 아티스트도 사정은 마찬가지다. 이미 국내외 유수의 업체들이 녹음된 보이스 데이터만 있으면 언제든 원하는 언어로 더빙할 수 있다.

위에 언급한 오드아이는 실시간으로 가수의 노래를 외국어로 바꾸어 출력할 수 있는 기술을 보유하고 이를 상품화하고 있다. 성우의 경우 아직은 완벽하게 대체될 수는 없지만 AI 음성 합성 기술은 성우의 일부 역할을 대체할 가능성이 농후하다.

음악 믹싱 및 마스터링 엔지니어는 이미 AI로 인해 대체되고 있다. LANDR, 아이조토프(iZotope) 등 AI 기반 믹싱 및 마스터링 도구는 자동화된 음질 향상 기능을 제공해 일부 엔지니어링 작업을 대체하고 있다. 사운드 디자이너의 경우 AI를 통해 독창적인 사운드 효과를 생성하거나 기존 효과를 변형하는 데 능숙해지고 있어, 단순한 사운드 디자인 작업은 AI가 대신하고 있는 현실이다.

크리에이티브 분야뿐만이 아니다. 음악 유통 및 마케팅도 대체 가능성이 높은 직업군에 속한다. 플레이리스트 큐레이터의 경우 AI가 데이터를 기반으로 생성해 제공하는 맞춤형 플레이리스트에 경쟁하기가 어렵다. 아무리 경험이 풍부한 큐레이터라 해도 이제까지 발매된 후 디지털화된 모든 곡을 머릿속에 담아 둔다는 것은 불가능에 가깝다. 이미 스포티파이 등 스트리밍 플랫폼에서는 AI가 큐레이션 역할을 대체하고 있다.

마케팅에서도 AI는 소셜미디어 분석, 타깃 마케팅, 캠페인 설계 등 데이터를 활용한 마케팅 작업을 자동화할 수 있다. 이는 분명 창의성 및 완벽한 마케팅 방향성을 대체할 수는 없지만 분명히 인간에 비해 막대한 시간과 비용을 절약할 수 있다.

게임 산업군

게임 산업이야말로 AI로 인해 직업이 대대적으로 대체될 산업군으로 지목된다. 우선 게임 개발 및 디자인 직업군이다. 우리가 게임을 할 때 장르를 불문하고 게임 속 세상에서 오감을 통한 경험을 하게 된다. 그 게임 속 세상을 디자인하는 레벨 디자이너는 이미 AI로 대체되고 있다. AI는 자동으로 지형을 생성하고, 게임 레벨 구조를 설계하는 도구(예: Procedural Generation)를 활용해 레벨 디자인 작업의 상당 부분을 대체하고 있다. 또한 AI 기반 툴(DALL · E, MidJourney 등)로 게임 배경과 환경의 초기 디자인을 자동으로 생성해, 일부 반복적인 작업이 대체되고 있다. UX 디자이너도 AI가 플레이어의 행동 데이터를 분석해 인터페이스를 자동으로 최적화하거나 사용자 경험을 개선할 수 있는 분야로 대체될 확률이 높다.

아트 및 애니메이션

게임에서 2D/3D 캐릭터를 디자인하는 직업도 AI로 대체되고 있는 추세다. 게임 내 주인공이나 중요한 메인 캐릭터가 아닌 NPC의 경우 AI로 게임 캐릭터의 초기 모델링, 텍스처링, 애니메이션 작업을 자동화할 수 있다. 게임 애니메이터도 상황은 같다. 모션 캡처 데이터를 기반으로 AI가 자연스러운 애니메이션을 자동 생성함으로써 단순 애니메이션 작업을 대체할 수 있다.

게임 스토리텔링 및 콘텐츠 작성 분야에도 AI가 사용되고 있다. 특히 서사와 스토리가 중시되는 초대형 액션 RPG나 어드벤처 게임에서는 게임 내 존재하는 다양한 캐릭터들과의 대화 및 상호작용이 게임의 몰입도를 높이는 데 매우 중요한 요소다. 이제까지는 이를 담당하는 담당자들이 일일이 대사를 작성했지만, 앞서 캐릭터 디자인 직업군에서 언급한 대로 NPC의 경우 AI로 캐릭터의 대사와 스토리를 자동으로 생성해 단순한 스토리라인이나 배경 설명 작업을 대체할 수 있다.

프로그래밍 및 기술 지원

게임의 코드 디버거 및 QA 테스터 분야는 AI가 빛을 발하는 분야 중 하나다. AI는 게임 내 다양한 코드의 오류를 자동으로 분석하고 수정하거나, 게임 테스트를 통해 버그를 발견하는 작업을 대체할 수 있다. 또한 반복적이고 표준화된 프로그래밍 작업은 AI가 빠르게 처리할 수 있다.

AI 기반 코딩 도구(GitHub Copilot, TabNine 등)는 기본적인 코드 작성, 함수 생성, 간단한 로직 구현을 빠르게 처리해 낸다. 게임 내 간단한 이벤트나 상호작용을 정의하는 스크립트 작업도 마찬가지이며 한 언어에서 다른 언어로의 코드 변환이나 코드 최적화 작업을 자동으로 수행이 가능하다.

QA도 대체 가능성이 높은 영역이다. AI는 코드에서 버그를 자동으로 탐지하고 수정하거나, 실행 중 발생하는 오류의 원인을 분석해 해결책을 제안할 수 있다. 마이크로소프트의 딥코드(DeepCode) 같은 도구를 사용하면 코드를 분석해 문제를 사전에 방지할 수 있다. 그것도 매우 빠른 속도로 말이다. 이는 천문학적인 예산과 시간이 소요되는 게임 제작에서는 매우 중요하다. 또한 초대형 게임일 경우, 발매 후 버그 및 오류가 발견된다면 팬들의 반발은 물론이거니와 이를 수정하는 비용도 크고 게임 불매로까지 이어질 수 있다. AI는 게임의 모든 가능성을 시뮬레이션해 플레이 테스트를 자동화하고, 게임 내 오류나 비정상적인 동작을 발매 전에 발견할 수 있다.

참고문헌

미주한국일보(2024.2.11). AI가 앗아간 일자리, 실제 더 많아. http://sf.koreatimes.com/article/20240211/1501612

Carras, C.(2024.1.30). Which entertainment jobs are most likely to be disrupted by AI? New study has answers. Los Angeles Times. https://www.latimes.com/entertainment-arts/business/story/2024-01-30/ai-artificial-intelligence-impact-report-entertainment-industry

04
AI와 IP

AI가 만들어 낸 콘텐츠를 고유의 IP로 인정해야 하는지에 대한 의제에 직면했다. AI가 어떻게 엔터테인먼트 콘텐츠를 만드는지부터 상품화가 되는 과정 전반에 대해 다룬다.

AI와 사주?

AI가 생성한 콘텐츠

AI가 생성한 콘텐츠를 둘러싼 현재의 법적 환경은 혼란스럽고 명확하지 않다. 작금의 저작권법은 인간이 만든 콘텐츠에 대한 사용 관행에 직접 관여했던 시절에 만들어졌다. 여기에는 출처를 인용하거나 다른 저작권 보호 작업에서 파생된 작업을 생성하는 것들만이 포함된다.

현재 생성형 AI 도구들은 텍스트, 이미지, 노래, 동영상 등 다양한 콘텐츠를 생성할 수 있다. 새로운 AI 모델은 저작권으로 보호되는 콘텐츠를 대규모로 스캔해 이미지의 스타일, 소설의 줄거리 또는 프로그램의 논리를 도출할 수 있다. 이러한 AI 모델은 학습한 콘텐츠를 기반으로 원본과 충분히 다른 새로운 콘텐츠를 생성할 수 있으며, 어떤 이들은 이를 사용하는 데 문제가 없다고 주장한다.

하지만 우리가 주목해야 하는 부분은 생성형 AI가 콘텐츠를 만들기 위해 어디서 어떻게 정보를 습득 및 학습했는가다. AI 생성 콘텐츠의 문제는 사용자가 AI가 어디에서 정보를 가져오는지, 콘텐츠의 어떤 부분이 완전히 새로 생성되었는지, 아니면 다른 저작권 보호 콘텐츠나 심지어 플랫폼 내 다른 인간의 AI 생성 작품에서 가져온 것인지 정확히 알 수 없다는 점이다.

AI 생성 콘텐츠에 저작권을 적용할 수 있을까?

국내 저작권 가이드라인에 따르면 저작권법 제2조 제1항에서 '저작물'은 '인간의 사상 또는 감정을 표현한 창작물'을 의미한다. 즉 인간이 아닌 AI가 만들어 낸 산출물에 대해서 저작권을 인정하지 않는다는 것이다. 다만 AI가 만든 창작물에 인간이 창작성을 부가함으로써 저작물성이 인정되는 경우에만 저작자 내지 저작권 귀속에 대해 논할 수 있다. 또한 AI 작품에 인간이 수정, 증감 등 창의적으로 '추가 작업'을 하여 추가 작업한 부분만으로 저작물성이 인정되는 경우에는 저작권 등록이 가능하다. 또 AI 작품 자체는 등록할 수 없더라도 AI 작품 내 요소들을 선택하고 배열한 것에 창작성이 있으면 '편집저작물'로 등록이 가능하다.

AI가 만든 작품의 저작권 인정 사례

2023년 12월에 우리나라에서 생성형 AI로 제작된 영화가 부분적으로 저작권 인정을 받았다. 나라지식정보라는 회사의 산하 영화 제작사 '나라 AI필름'이 제작한 영화 〈AI 수로부인〉이다. 다만 기존 저작권의 개념이 아닌 '편집저작물'이라는 개념으로 인정을 받았다. 원래 있던 저작물이나 부호, 문자, 음성, 음향, 영상, 그 밖의 자료 등 소재들을 묶어 놓은 것을 편집물이라고 하는데, 이러한 편집물 중 소재의 선택이나 배열 또는 구성에 창작성이 있는 것을 편집저작물이라고 한다. 즉 영화 자체에 대해 저작권을 인정받은 게 아니라 이미지, 영상 등을 배열한 부분에 대해서만 저작권을 인정받은 것이다. 영화 제작사인 나라지식정보는 어디까지나 주로 창작하는 주체는 제작사 측이고 AI는 도구로만 활용했다고 강조했다. 정작 영화 제작 중 중요한 과정인 편집과 미세 조정은 모두 나라지식정보가 수행했다. 따라서 AI가 제작한 이미지, 영상 등에 대해서는 저작권을 인정받지 못하고 그러한 요소들을 배열한 것에 대해서만 인정받은 것이다.

해외는?

미국에서는 생성형 AI 플랫폼 사용자가 자신들이 사용하는 프로그램이 어떤 콘텐츠를 학습했는지 알 수 없다면, 생성된 콘텐츠가 이미 저작권으로 보호되어 있고 공정 사용 범위에 해당하지 않을 가능성을 염두에 두어야만 한다는 의견이 지배적이다. 미국 저작권청(USCO)은 기존 판례에 따라, 미국에서 저작권 보호를 받기 위해서는 반드시 '인간'이 생산해 낸 콘텐츠여야 한다고 명시하고 있다. 국내와 크게 다르지 않은 기준이다. 또한 AI 생성 콘텐츠가 때때로 저작권을 가질 수 있다는 의견도 보이고 있다.

예를 들어 사용자가 챗GPT에 입력 프롬프트를 제공해 만들어진 결과물에 대한 저작권 보호를 받을 수 없다. 반면 사용자가 AI 도구에 프롬프트를 입력하고 응답을 받은 후 이를 창의적으로 수정하면 저작권 보호를 받을 가능성이 있다. 즉 AI는 저자가 자료를 생성하고 저작권이 있는 작업을 만드는 데 사용할 수는 있지만 AI가 생산한 '출력물' 자체를 저작권으로 보호할 수 있는지 논쟁의 여지가 있다.

AI 생성 콘텐츠의 저작권 침해의 기준은?

콘텐츠를 생성한 AI가 보호된 지적 재산권을 기반으로 학습되어 저작권을 침해한 것인지에 대해서는 법조계를 중심으로 다양한 분야에서 갑론을박 중이다. 2023년, 틱톡, 스포티파이, 유튜브 등의 플랫폼에서는 AI가 래퍼 드레이크(Drake)와 R&B 아티스트 위켄드(The Weeknd)의 목소리를 모방해 생성한 콘텐츠를 모두 삭제한 적이 있다. AI가 이들 아티스트의 저작권을 침해했다는 것이 이유였다. 저작권 침해 여부를 판단하기 위해서는 콘텐츠의 '접근성'과 '실질적 유사성'을 검토해야 한다. AI나

인간이 해당 콘텐츠를 읽었는지, 그리고 해당 콘텐츠가 원본과 충분히 유사해 복사되었다고 납득할 수 있는지를 입증해야 한다는 것이다. 아직까지 생성형 AI와 관련해 확립된 판례는 없지만, 접근성에 대한 명확한 증거가 없는 한, 복사가 원본과 동일한 것으로 간주되지 않는 한 어느 한쪽이 일방적으로 저작권을 침해했다는 주장은 받아들여지기가 어렵다.

AI가 저작권법에 미칠 영향

AI 생성 콘텐츠 저작권의 단기적인 미래는 콘텐츠 사용의 공정성과 AI 시대의 저작권에 관한 개념을 명확히 하는 데 초점이 맞춰질 가능성이 높다. 대부분의 AI 회사는 모델 학습 방식을 정당화하기 위해 이미 생산된 콘텐츠 사용(딥러닝)에 의존하고 있지만, 이 방식엔 큰 변화가 예상된다. AI 사업이 성장하려면 저작권이 있는 작업을 AI 모델 학습에 사용하는 데 관한 새로운 법이 제정되어야만 한다. 범사회적인 동의를 바탕으로 AI 산업 전반을 성장시키려면 기존 콘텐츠를 AI가 습득할 수 있는 기회를 제공해 줘야 하며, 해당 콘텐츠의 창작자들에게 반드시 수익이 발생할 수 있는 공정한 수단을 만들고 이를 법률로 보장해 줘야 한다.

AI의 등장은 저작권법의 필연적 변화를 촉구하고 있다. 이는 법률 시스템이 저작자에 대한 기존 정의를 대체함과 동시에, AI 생성 콘텐츠를 포함하더라도 인간이 생성한 콘텐츠를 보호하는 방법을 재정의하는 상황을 초래하게 될 것이다. 현재 한국을 포함한 다양한 국가에서는 AI 생성 콘텐츠가 포함된 작업은 인간이 창의적으로 기여했다는 증거 없이는 저작권 보호를 받을 수 없다고 명시하고 있으며 보호 영역을 제한하고 있다. 새로운 법률은 AI 생성 콘텐츠가 포함된 작업을 보호하기 위해 필요한 인간의 기여 수준을 명확히 하는 데 반드시 필요한 작업이다.

AI는 어떻게 IP 실무를 변화시키고 있나?

AI가 생산한 콘텐츠들에 대해 법률적인 부분을 포함한 다양한 해석과는 별도로 AI는 지적재산권(IP) 자체에 관련된 실무 자체에 큰 변화를 가져오고 있다. IP 분야는 전통적으로 특허, 저작권, 상표를 둘러싼 복잡한 법적 프레임워크를 다루기 위해 인간의 전문성에 의존해 왔다. 그러나 AI는 이제 IP 전문가들이 업무를 관리하는 방식을 다방면에서 변화시키고 있다.

반복적인 작업 자동화

AI가 IP 산업에 미치는 가장 중요한 영향 중 하나는 반복적인 작업의 자동화다. IP 실무는 종종 특허 검색, 문서 분석, 상표 확인과 같은 노동 집약적인 활동을 포함한다. AI 기반 도구는 방대한 데이터를 신속하게 분석하고, 인간이 수행하는 데 걸리는 시간의 일부만으로 결과를 제공한다. 이를 통해 IP 변호사들은 시간 소모적인 수동 작업보다는 전략적 의사 결정에 더 집중할 수 있다.

IP의 데이터베이스 구성

AI 시스템은 방대한 특허 데이터베이스를 조사해 선행 기술을 식별할 수 있으며, 이로 인해 특허 검색에 소요되는 시간을 몇 주에서 몇 시간으로 줄인다. 이는 효율성을 향상시킬 뿐만 아니라 인간의 오류 가능성도 줄여 준다. 또 AI 도구는 전 세계 상표 데이터베이스를 실시간으로 모니터링해 IP 전문가가 잠재적인 충돌이나 침해를 사전에 인지하게 할 수 있다.

특허 초안 작성 및 심사 강화

특허 초안 작성과 심사는 기술적인 주제에 대한 깊은 이해와 법적 프레임워크가 필요하다. AI는 초안 작성 과정에서 초기 특허 청구항을 생성하고, 잠재적인 허점을 식별할 수 있다. 특허 심사관이 특정 청구항에 어떻게 반응할지 예측해 성공적인 심사의 가능성을 높여 준다. 또한 기존 특허와 법률 언어를 분석해 AI 도구는 청구항 언어를 제안하고, 우려 사항을 강조하며, 특허 사무소의 거부에 대응하는 전략을 추천할 수 있다. 특허 사무소의 역사적인 데이터를 분석해 심사관의 행동, 유사한 사례 또는 특정 관할 구역을 기반으로 특허 승인 가능성을 예측할 수 있다.

IP 포트폴리오 관리 개선

글로벌 IP 포트폴리오를 관리하는 것은 여러 관할 구역에서 기한, 갱신, IP 권리를 추적해야 하므로 매우 복잡한 작업이다. AI는 자동화된 포트폴리오 관리 솔루션을 제공해 중요한 기한을 놓치지 않도록 하고, 모든 IP 자산이 적절하게 유지되도록 할 수 있다. IP 포트폴리오의 가치를 평가하는 데에도 사용된다. 너무 고평가되거나 저평가된 자산에 대한 통찰을 제공해 다양한 집행, 라이선스 제공, 포기해야 할 특허에 대해 더 현명한 결정을 내릴 수 있다.

IP 소송 및 집행 강화

AI는 소송 측면에서도 IP 변호사들이 사례법을 분석하고 결과를 예측하며 소송 전략을 준비하는 데 큰 도움을 준다. 과거의 법원 판결을 분석해 특정 판사들이 IP 사건에 대해 어떻게 판결할지를 예측하고 맞춤형 소송 전략을 세울 수 있으며 관련 사례법과 법적 선례를 신속하게 분석할 수 있어 변호사들이 더 강력한 주장을 펼치고 소송 준비를 더 효율적으로 할 수 있게 한다. 또한 디지털 플랫폼에서 IP 침해를 모니터링하고, 저작권, 상표 또는 특허의 무단 사용을 자동으로 식별할 수 있다. 이는 IP 소유자에게 알림을 보내 더 빠르고 효과적인 집행 조치를 가능케 한다.

AI의 IP실무에 대한 회의적인 의견

IP 실무라는 복잡하고 규제가 엄격한 환경에서 AI라는 신기술을 통합할 때 신중함과 주의가 필요하다는 것은 분명한 사실이다. 책임감 있고 윤리적인 AI 보장 및 AI로 인한 문제, 특히 잘못된 정보 생성과 편향성을 해결하기 위해 신중한 접근이 필요하다. IP 법률 실무자들은 다른 산업 분야의 전문가들과 마찬가지로 AI가 신뢰를 얻으려면 책임감 있고 윤리적인 가치를 준수해야 한다는 데

의견을 모으고 있다.

IP 실무에서 가장 중요한 문제는 설명 가능성일 것이다. AI가 어떤 결정을 내렸는지, 어떤 출처를 사용했는지, 이를 어떻게 분류했는지 설명해 내야만 한다. 또한 IP 실무에서는 AI 사용 여부가 명확하게 드러나도록 투명성과 정보 제공 동의가 필요하며, 지속적인 모니터링과 검증도 요구된다.

공정성과 편향성 완화도 중요한 이슈다. AI는 사용된 데이터 출처에 따라 편향성을 도입할 수도 있지만, IP 관련 결정에 영향을 미칠 수 있는 편향을 식별하고 줄이는 데도 도움을 줄 수 있다. 인간과 기계 간의 상호작용에 대한 윤리적 원칙과 규범은 유럽연합 AI법을 포함한 규제 환경의 변화에 따라 계속 형성되고 있다.

따라서 AI는 법률과 실무 모두에서 근본적인 변화를 예고하며, 우수한 기계 지능에 대한 접근을 가능하게 할 것이다. 그러나 IP 시스템과 더 넓은 직업군의 무결성을 유지하기 위해서는 여전히 인간의 감독과 전문성이 필수적이다.

참고문헌

대한민국정책브리핑(2024.4.4). 생성형 AI가 만든 저작물 저작원은 누가 갖게 될까요?.
https://www.korea.kr/multi/visualNewsView.do?newsId=148927815

서욱(2023.12.7). '새벽의 자리아' 판결분석: 미국저작권청, 새로운 선례설정, 데일리뉴스.
https://www.idailynews.co.kr/news/articleView.html?idxno=101202

장종원(2024.8.13). AI작품, 어디까지 인정받을 수 있을까? Samsung SDS.
https://www.samsungsds.com/kr/insights/ai-copyright-240813.html

한국저작권위원회(2024.1.10). '국내 생성 AI 영화 저작권 첫 인정 세계 2번째 사례' 일부 보도 사실관계 설명.
https://www.copyright.or.kr/notify/press-release/view.do?brdctsno=52575

Clarivate(2024.4.15). From skepticism to starategy:How AI is transfrorming the IP practice.
https://clarivate.com/blog/from-skepticism-to-strategy-how-ai-is-transforming-the-ip-practice/

05
AI와 팬덤

AI가 아티스트의 역할을 해내기 시작하면서 이에 호응하는 새로운 팬덤이 생겨났다. 이에 대해 분석해 본다.

AI와 아이돌?

AI와 팬덤

음악 제작의 여러 부분에 AI가 보조로 참여하게 되면서 'AI 음악'과 '인간 음악' 간의 구별이 점차 무의미해지고 있다. 아직은 AI가 '보조'의 역할에 머무르고 있지만 AI가 전면에 등장해 인간 아티스트와 견주는 시대가 도래하리라는 것에는 이견이 있기 어렵다.

아티스트들은 이미 다른 인간 아티스트들로 인한 지나친 경쟁에 시달리고 있고, 엎친 데 덮친 격으로 '앙가미(Anghami)'와 '텐센트 뮤직 엔터테인먼트(Tencent Music Entertainment)'와 같은 스트리밍 업체들은 수십만 곡의 AI 생성 트랙을 쏟아내고 있다. 이런 상황은 필연적으로 기존 인간 아티스트의 팬덤과 AI 아티스트가 생성해 낸 다양한 콘텐츠의 팬덤이 더해질 수밖에 없는 상황을 만들어 내게 된다.

팬덤(Fandom)은 어떤 대상의 팬들이 모인 집단을 일컫는 말이다. 멀티미디어를 통한 대중문화의 확산으로 인해 팬덤이 사회적, 문화적 영향력을 행사하게 되면서 '팬덤 문화'라는 말도 탄생했다. 팬덤이라는 말은 '팬'에 '상태, 지위, 영토'를 뜻하는 접미사 '-dom'을 붙인 것이다. '관료 사회(officialdom)'가 단순히 관료만을 지칭하는 것이 아니라 관료 특유의 규범이나 행동 양식을 포괄적으로 의미하는 것처럼 팬덤 역시 팬, 집단적 팬들, 팬 문화 현상과 관련된 규범, 관습, 제도 따위를 총체적으로 포괄하는 팬 사회를 지칭한다고 볼 수 있다.

전 세계적으로 팬덤이라고 하면 보통 연예인, 그중에서도 아이돌의 팬덤을 연상하는 경우가 많지만, 팬덤은 모든 팬질(팬들이 자신이 동경하거나 좋아하는 아티스트 혹은 그들이 생산해 낸 콘텐츠를 다양한 방식으로 소비하는 행위)의 대상이 되는 모든 것을 상대한다. 책, 게임, 스포츠, 만화, 영화, 드라마, 작가, 정치인에 이르기까지 하나의 커다란 집단을 이룰 만큼의 팬들만 있으면 그것이 곧 팬덤이므로 팬덤의 종류는 그야말로 무궁무진하다.

팬덤은 단순한 기호가 아니다

음악의 예를 들어 보자. 음악을 즐긴다는 것은 누군가가 그 음악의 청취한다는 의미다. 청취자는 일반적으로 음악 너머의 맥락, 예를 들어 아티스트의 성격, 가치관, 배경 이야기, 미적 요소 등 다양한 것을 식별하게 되고 그것이 그 청취자의 취향과 결합할 때 비로소 팬으로 거듭나게 된다. 따라서 팬덤은 다른 청취자들에게서 자신의 정체성(실제든 이상적이든)을 반영해 보는 증상이라고 볼 수 있다. 이 공유된 정체성은 팬들이 커뮤니티로 뭉치는 이유이기도 하다. 아이브의 팬들은 그들의 음악 소리뿐만 아니라 그들의 그런지 음악 및 패션 스타일, 외모, 미디어에 비추어진 그들의 태도, 도덕적 신념 등 매우 다양한 부분에 공감한다. BTS 팬들에게 ARMY라는 광범위하고 지지적인 커뮤니티는 음악만큼이나 그들의 헌신에 중요한 요소라 할 수 있다.

따라서 아티스트의 음악이 한 인간을 그들의 팬으로 이끄는 등용문은 될 수 있지만, 팬덤을 불러일으키는 데는 부족하다. 너무나 다양한 요소들이 그것들을 공유하는 다양한 대중에게 방대하게 공유될 때 실현 가능한 것이기 때문이다.

AI가 생성한 음악이 팬들을 끌어들이고 나아가 팬덤을 이루어 낼 수 있을까? 질문에 대한 대답에 '맞다'라고 말할 수 있을 것이다. 우선, 팬덤을 구축하는 데 중추적인 역할을 하는 요소에 대해 논의해 볼 필요가 있다.

팬덤이 구축되는 데 필요한 요소들로는 아티스트의 진정성, 팬들과 공유한 가치와 메시지, 강력한 스토리텔링, 팬들과의 소통, 팬 커뮤니티 구축, 독특한 팬 경험, 다양한 음악 외적인 활동 등을 들 수 있다.

아티스트가 자신의 이야기, 감정, 신념을 진정성 있게

표현함으로써 팬들에게 더 강한 공감과 유대감을 불러일으킨다. 또한 다른 아티스트들과 차별화된 스타일, 목소리, 퍼포먼스는 팬들에게 강렬한 인상을 남기고 충성도를 높인다. 팬들은 또 종종 아티스트가 전달하는 메시지나 가치(사랑, 자유, 사회적 변화 등)에 공감하면서 커뮤니티로 모인다. BTS가 전 세계 팬덤을 형성한 이유 중 하나는 "자기 자신을 사랑하라"는 메시지가 팬들에게 깊은 울림을 주었기 때문이다.

강력한 스토리텔링은 아티스트의 음악, 뮤직비디오, 공연, 인터뷰 등에서 이들의 여정을 이야기로 전달하며 팬들을 몰입시킨다. 아티스트가 어려움을 극복하고 성공에 이르는 이야기는 팬들에게 영감과 희망을 준다.

인스타그램, 트위터, 유튜브 같은 SNS 플랫폼을 통해 팬들과 직접 소통하며 연결 고리를 만들어 낸다. 아티스트가 팬의 댓글에 답하거나 라이브 방송을 진행하면 팬들은 자신을 중요한 존재로 인식하게 된다. 또한 팬 미팅, 콘서트, 팬아트 콘테스트 등 팬들과 직접 만나는 순간은 팬덤을 더욱 결속시킨다.

이렇게 뭉쳐진 팬들은 그들만의 커뮤니티를 형성한다. 그리고 팬덤이 하나의 집단으로 뭉친 공간(온라인 포럼, 디스코드 채널 등)에서 팬들은 스스로 활동하고,

서로를 지원하며 팬덤 문화를 더욱 발전시킨다. 이어 팬들이 만든 2차 콘텐츠(팬아트, 팬픽, 커버 영상 등)는 팬덤의 생명력을 유지하고 확장하는 데 기여한다.

이렇게 형성된 팬 커뮤니티에서 콘서트, 한정판 굿즈, 미공개 콘텐츠 등 팬들에게 특별한 경험을 제공하는 것은 팬덤을 유지하는 데 중요한 역할을 한다. 최근에는 NFT, AR/VR 콘서트와 같은 디지털 기술도 팬 경험을 혁신적으로 변화시키고 있다. 더불어 아티스트의 인격적인 매력, 사회적 활동, 또는 연기, 예능 등 다양한 분야에서의 활약은 팬덤을 더욱 확장한다. 기부 활동이나 환경 보호 운동에 참여하면 팬들은 자부심을 느끼며 팬덤에 더욱 충실해진다.

위에 열거한 내용들은 성공적인 팬덤이 형성되는 매우 기본적인 로드맵이라 할 수 있다. 다만 눈여겨봐야 하는 점은 누가 로드맵을 설계하고 실행에 옮기느냐 하는 점이다. 작금의 음악 산업에서 이는 국내의 경우 소속사, 미국을 위시한 외국의 경우 아티스들의 마케팅 및 레이블 팀이다.

물론 마케터는 아티스트의 페르소나를 기반으로 로드맵을 구성하지만, 이 측면에서 팬덤은 소셜미디어, 알고리즘 및 기타 디지털 기술을 스마트하게 활용하며 생성되고 있다고 할 수 있다. 그렇다면 AI 생성된 페르소나로 같은 작업을 하지 못할 이유가 없다는 결론을 도출할 수 있다.

실제로 'K/DA'와 'Luo Tianyi'와 같은 사례들은 팬덤이 가상의 아티스트 주위에 구축될 수 있음을 방증한다. 이는 TV 드라마, 영화, 게임, 애니메이션의 캐릭터들을 중심으로 팬덤이 형성되는 과정을 보면 유추할 수 있다.

인기 있는 TV 드라마, 영화, 게임, 애니메이션의 캐릭터들은 모두 매력적인 캐릭터 디자인 및 성격, 깊이 있는 서사, 멋진 대사와 성격, 멋진 배우와 성우의 연기들을 담고 있다. 독특한 외모, 의상, 색상 등이 캐릭터의 첫인상을 결정하고, 애니메이션에서는 특히 비주얼 요소가 강력한 팬덤 형성의 원동력이 된다. 캐릭터만의 독특한 헤어스타일, 무기, 표정, 몸짓 등은 팬들이 캐릭터를 사랑하게 만드는 요소가 된다. 복합적인 성격과 성장 서사를 가진 캐릭터는 팬들에게 더 큰 공감을 끌어낸다. 드라마 속 캐릭터가 어려운 상황을 극복하거나, 애니메이션 속 캐릭터가 자기 희생을 통해 팀을 구한다면 팬들은 그들의 여정에 감정적으로 몰입하게 되며, 캐릭터의 약점이나 실수는 팬들에게 현실감과 매력을 더한다. 캐릭터를 연기한 배우나 목소리를 담당한 성우의 연기가 매력적이라면 팬들이 더 큰 애정을 느끼게 된다.

그리고 이 모든 요소는 드라마, 영화, 애니메이션의 작가와 제작자들이 소비자, 즉 팬들의 취향을 철저하게 파악해 창조한 세계관에서 완벽한 상품으로 만들어져 소비되고, SNS를 위시한 디지털 세상에서 더욱 거대하게 재구성되고 공유되어 거대한 팬덤을 형성한다.

작금의 디지털 세상에서 우리는 점점 더 온라인에서 자신의 정체성을 구축하고 있다. 그리고 아티스트 혹은 콘텐츠에 대한 팬덤이 이 온라인이라는 가상의 세계에서 형성되고 있다.

아직까지는 인간 작가들이나 마케터들이 대부분의 가상 아티스트를 위한 배경 이야기, 성격, 세계관을 구상하고 있지만, 시간이 지남에 따라 AI가 이 역할을 대체하게 될 것이다.

AI 아티스트는 어떻게 스스로 팬덤을 구축하게 될까?

AI 아티스트가 자신의 팬덤을 구축하는 과정은 인간 아티스트와는 다른 독특한 방식을 보일 것이다. 우선 매우 개인화된 콘텐츠를 '친절하고', '빠르게' 제공할 것으로 전망된다. AI 아티스트는 개별 팬의 취향에 맞춘 음악,

그림, 스토리 등을 제작할 수 있다. 예를 들어 팬이 특정 장르나 스타일을 요청하면 AI가 실시간으로 창작물을 제공할 수 있다. 팬들이 AI와 함께 공동 작업을 통해 콘텐츠를 창작하게 함으로써 강한 유대감이 형성될 수 있다. 팬이 입력한 아이디어를 AI가 완성하는 방식으로 협업이 이루어질 수도 있다. 팬덤의 세상에서 가장 위대한 것은 팬이 아티스트에게 다양한 영향력을 행사할 수 있는 것인데, 아티스트는 아무런 거부감이나 거리낌 없이 이를 수용하고 또 반영할 수 있기 때문이다.

팬들과의 실시간 소통이 실제로 가능해진다. 인간 아티스트는 먹고, 자고, 일을 해야 한다. 팬들이 원할 때 완벽하게 실시간으로 소통하는 것은 불가능하다. 그러나 AI는 이런 물리적 제약이 없다. 언제 어느 때나 실시간으로 팬들의 피드백을 반영할 수 있다. AI가 팬들과의 소통을 통해 팬들의 요청과 피드백을 즉각 반영하면 팬들은 자신이 아티스트에게 중요한 존재로 인식된다고 느낄 수 있고 이를 통해 지속적인 연결감을 얻을 수 있다.

지역과 언어의 제약도 없어진다. AI는 언어, 문화적 장벽을 초월해 글로벌 팬덤을 쉽게 구축할 수 있다. 작품과 메시지를 자동 번역하거나, 팬의 지역적 특성에 맞춘 콘텐츠를 제공하는 것이 가능하다. 한국 팬들을 위한 K

팝 스타일 음악과 일본 팬들을 위한 J팝 스타일을 동시에 제작해 각각의 팬덤을 확보하는 것이 현실이 된다.

AI 아티스트와 팬 간의 무한한 공동 창작이 가능해진다. AI 아티스트는 물리적 제약이 없기 때문에 한계 없이 콘텐츠를 생산할 수 있다. 이는 팬들에게 끊임없이 새로운 경험을 제공하며, 팬덤의 지속성을 높이는 데 크게 기여할 수 있다.

또한 팬덤의 요구에 따라 전혀 새로운 장르나 스타일을 즉각 개발할 수 있다는 점도 큰 장점으로 부각된다.

무엇보다도 가장 큰 장점은 팬덤 주도형 커뮤니티가 형성될 것이라는 점이다. AI 아티스트 팬덤은 팬들의 창작 활동(팬아트, 리믹스 등)을 중심으로 형성될 가능성이 크다. 인간 아티스트는 (아이돌일 경우) 타 멤버들, 소속과 관계자들, 레이블 관계자들, 팬들 등 다양한 사람들과 관계를 형성하고 있으며 이 안에서 다양한 갈등이 생겨난다. 그러나 AI 아티스트는 이 갈등들로부터 완벽하게 자유로워질 수 있다. AI는 각각의 팬들이 원하는 콘텐츠를 분석하고 확장해 새로운 작품으로 재창조함으로써 팬들과의 협업을 지속적으로 이어갈 수 있다. 또한 팬 커뮤니티 내에서 AI 아티스트가 직접 이벤트를 주최하거나, 팬의 아이디어를 채택해 작품을 만드는 등 상호작용을 통해 팬덤을 더욱 강화할 수 있을 것이다.

궁극적인 차별점

이처럼 인간 아티스와 AI 아티스트의 팬덤이 각기 큰 차이를 보이며, 어쩌면 서로 충돌할 수 있다는 우려도 있지만 팬덤 그 자체의 가치는 인간 아티스트, AI 아티스트 모두에게 더욱 중요해질 것이다.

건강한 경쟁은 언제나 우리에게 풍요를 가져다주었다. AI와 인간은 결국 서로 경쟁하며 또 협력 및 융합을 통해 지금은 상상할 수도 없는 영역으로 엔터테인먼트 산업을 이끌 것이다. 그리고 이런 변화는 결국 팬덤이 이끄는 방향으로 흐르게 될 것이다.

소비자가 원하는 대로 시장은 형성된다. 소비자가 원하는 콘텐츠가 결국은 산업 전체를 재구성하게 된다.

참고문헌

나무위키. 아이돌 팬덤.
https://namu.wiki/w/%ED%8C%AC%EB%8D%A4/%ED%95%9C%EA%B5%AD%20%EC%95%84%EC%9D%B4%EB%8F%8C

Jenkins, H.(2024.4.18). AI meets the world of fandom-USC Annenberg Relevance Reoprt.

https://annenberg.usc.edu/research/center-public-relations/usc-annenberg-relevance-report/ai-meets-world-fandom

Tatiana, C.(2023.3.22). Why AI music may make fandom even more important. MIDIA.
https://www.midiaresearch.com/blog/why-ai-music-may-make-fandom-even-more-important

06
AI와 공연

AI의 등장으로 기존의 시스템으로는 구사하기 어려웠던 다양한 시도를 해 볼 수 있다. 이에 관한 다양한 변화에 대해 알아본다.

AI와 야구?

음악 콘서트에서 도입된 새로운 AI 기술

AI가 음악 콘서트에 통합되면서 콘서트 경험을 변화시키는 여러 혁신적인 기술이 개발됐다. AI 주도의 조명 시스템은 음악을 분석하고 공연의 리듬과 분위기에 맞춰 조명을 조절한다. 이 기술은 전체 콘서트 분위기를 향상하는 역동적이고 동기화된 시각적 경험을 제공한다. 다양한 음악 요소를 분석하고 독특한 비트, 멜로디, 화음의 조합을 만들어 낸다. AI가 음악의 멜로디와 리듬에 실시간으로 반응해 만들어 내는 비주얼 라이브 공연은 관객에게 동적이고 몰입감 있는 경험을 제공하고 있다. AI 주도의 대화형 뮤직비디오는 팬들이 가상 세계에 몰입하고 비디오의 다양한 요소와 시각을 제공하고 있다.

이처럼 AI와 음악의 융합은 콘서트 경험에 혁신을 일으키며, 아티스트들이 음악을 창작하고 공연하며 관객과 소통하는 방식을 변화시키고 있다. 이미 유명한 아티스트들과 음악 프로듀서들은 이미 AI 기술 혁명의 선두 주자로 다양한 시도를 하고 있다.

혁신적 아티스트로 유명한 A. R. 라만(A. R. Rahman)은 2017년 인텔 AI 팀과 협력해 '인텔 테크 포 굿(Intel Tech for Good)'이라는 독특한 공연을 진행한 바 있다. 이 공연에서는 라만의 라이브 공연에 실시간으로 반응하는 AI 기반 영상이 등장했다. 이 영상은 라만의 음악 분위기와 박자에 적응하며, 관객에게 역동적이고 몰입감 있는 경험을 제공했다. 이는 향후 AI가 음악의 소리 및 리듬을 실시간으로 분석한 후 관객의 호응도에 따라 음악뿐만 아니라 실시간으로 재생되는 비주얼 콘텐츠를 만들어 내 공연의 퀄리티를 비약적으로 끌어올릴 가능성을 보여 줬다.

세계적인 팝스타 테일러 스위프트(Taylor Swift)는 AI를 이용해 팬들과 소통한다. 테일러 스위프트는 '레퓨테이션 스타디움 투어(Reputation Stadium Tour)' 기간 동안 AI 기반의 얼굴 인식 기술을 사용해 관객을 식별했다. 이 기술은 이미 알려진 악성 스토커를 탐지하고 팬들의 안전을 보장하는 데 사용됐다. 또한 AI 기반 분석 도구를 활용해 팬의 행동과 선호를 이해하고, 이를 통해 콘텐츠와 상호작용을 맞춤화해 팬들과 강한 연결을 유지하고 있다.

케이티 페리(Katy Perry)는 '위트니스: 더 투어(Witness: The Tour)' 기간에 AI 기반의 무대 비주얼과 조명을 사용해 미래적이고 역동적인 분위기를 만들어 냈다. AI 주도의 조명 시스템은 케이티 페리의 움직임과 음악의 리듬에 맞춰 동기화된 시각적 경험을 제공했다.

또한 AI를 활용해 뮤직비디오도 제작했다. 그녀의 히트곡 '체인드 투 더 리듬(Chained to the Rhythm)'은 인텔과 협력해 청취자가 360도 뮤직비디오 경험을 할 수 있도록 제작했다.

AI를 사용해 전에 없던 독특한 사운드를 창조해 내는 아티스트들도 있다. 2016년, 메이저 레이저(Major Lazer)는 저스틴 비버(Justin Bieber)와 함께 '콜드 워터(Cold Water)'라는 곡을 발표했다. 이 곡은 AI가 주도한 사운드 디자인을 포함해 AI 알고리즘이 다양한 음악 요소를 분석하고 독특한 비트, 멜로디, 화음의 조합을 만들어 냈다. 이 접근 방식은 메이저 레이저와 저스틴 비버가 팬들과 공감할 수 있는 신선하고 혁신적인 사운드를 창조하는 데 크게 기여했다.

AI와 공연의 미래

AI는 라이브 음악 콘서트와 그 경험을 혁신할 수 있는 큰 잠재력을 가지고 있다. 사운드 엔지니어링, 군중 통제, 음악 작곡 등에서 AI는 라이브 음악을 경험하는 방식을 급격히 변화시키고 있다. 라이브 공연에서 AI의 사용은 아직 초기 단계이지만, AI가 가져올 수 있는 수많은 이점을 감안할 때 산업의 표준으로 자리 잡는 것은 시간문제로 보인다.

우선 AI 생성 음악의 부상으로 인해 라이브 음악 콘서트가 급격히 변화할 가능성이 있다. AI 기술이 계속 발전함에 따라, AI 생성 음악과 멀티미디어 공연은 더욱 정교하고 복잡해질 것으로 전망된다. 인간 큐레이터나 악기 연주에 의존하는 대신 AI 생성 음악은 관객의 요구에 맞춰 상호작용적이고 맞춤화된 콘서트 경험을 창출하는 데 사용될 수 있다. AI 생성 음악은 아티스트가 새로운 소리와 음악 아이디어를 탐구하고 실험할 수 있는 세계를 열어 줄 수 있다. 또한 AI 기술이 더욱 발전함에 따라 훨씬 더 역동적이고 매력적인 콘서트 경험을 가능하게 할 수 있다.

AI를 통한 사운드 엔지니어링

AI가 음악에서 제공하는 주요 이점 중 하나는 사운드 엔지니어링이다. AI는 사운드 엔지니어가 사운드 수준을 최적화해 모든 음과 악기가 관객에게 잘 들리도록 보완할 수 있다. AI는 사운드 엔지니어가 서로 다른 악기나 보컬의 볼륨, 균형 또는 효과를 조정하거나, 공연자가 자신의 음질을 모니터링하는 데 도움을 준다. AI 지원 사운드 엔지니어링은 라이브 오디오 엔지니어가 문제를 식별하고 해결하는 데도 주요하게 작용할 수 있다. 예를 들어 원치 않는 소음과 에코를 미리 측정하고 자동으로 조율할 수 있으며 이는 콘서트 장소에서 라이브 음악 경험을 개선하는 데 도움이 된다. 특히 음악 페스티벌과 같은 대규모 이벤트의 사운드 믹싱에서 더 나은 균형을 만드는 데 기여할 수 있다.

AI를 통한 시각 효과

비주얼과 효과는 라이브 음악 콘서트에서 중요한 부분을 차지한다. 다양한 시각 요소를 실시간으로 혼합해 관객에게 몰입감 넘치고 잊지 못할 콘서트 경험을 창출할 수 있다. 조명 팀이 공연의 현재 공연 리스트에 맞는 최상의 조명 효과를 제공하는 데 도움을 줄 수 있다. 증강현실(AR) 및 가상현실(VR) 활용을 통해 공연을 더욱 몰입감 있고 독특한 경험으로 만들 수 있다. 관객은 스마트폰이나 AR 기기를 통해 공연 중 실시간으로 가사를 보거나, 공연의 테마에 맞는 인터랙티브 효과를 즐길 수 있다. 또한 VR을 통해 물리적으로 공연장에 오지 못하는 관객도 가상공간에서 360도 공연을 체험할 수 있다.

AI를 통한 다양한 형태의 협연

AI는 실시간으로 음악 변화에 반응해 다양한 형태의 협연을 제공할 수 있다. 예를 들어 AI는 솔로 아티스트가 가상 밴드나 오케스트라와 함께 연주하도록 도와주거나, 듀엣이나 앙상블이 라이브 음악 콘서트 중에 연주를 동기화하도록 도와줄 수 있다. 협연은 아티스트들에게만 국한되지 않는다. AI는 콘서트에 참석한 관객들의 피드백을 받아 즉석에서 아티스트와 관객들이 공감 및 공유할 수 있는 콘텐츠를 만들어 낼 수 있다. 예를 들어 AI는 관객의 박수, 제스처 또는 감정에 따라 변하는 음악을 만들거나, 관객을 공연에 참여시키는 게임이나 도전을 생성할 수 있다.

인터랙티브 기능을 통한 관객 참여 강화

AI는 참석자 경험을 개인화하는 인터랙티브 기능을 도입하며 라이브 이벤트에서의 관객 참여에 혁신을 가하고 있다. 챗봇 및 가상 비서와 같은 AI 기반 도구는 실시간 정보 제공, 장소 내 탐색 지원, 문의 응답 등으로 고객 서비스를 향상할 수 있다. 예를 들어 관객의 기분과 선호도에 따라 라이브 콘서트에서 소리와 이미지 인식을 통해 관객 반응을 분석하고, 음악, 조명, 인터랙티브 디스 플레이 등을 실시간으로 조정할 수 있다. 특히 콘서트에서 특정 노래에 대한 군중의 반응을 파악해 실시간으로 세트리스트 변경을 제안할 수도 있다.

이벤트 관리 및 운영 간소화

AI는 라이브 이벤트의 운영 및 관리를 간소화하는 데 중요한 역할을 하고 있다. 데이터 분석과 머신러닝을 활용해 AI 시스템은 군중 관리, 보안, 자원 배분 등의 이벤트 물류를 최적화한다. AI 기반 예측 분석은 참석 규모를 예측하고, 티켓 판매를 관리하며, 음식 및 음료 판매의 피크 시간을 예측해 기획자들이 더 효과적으로 계획을 수립할 수 있도록 한다. 또한 안면 인식 기술은 참석자를 신속하게 확인하고 잠재적인 보안 위협을 감지해 보안 수준을 높인다. 이러한 기술은 월드컵 같은 대규모 이벤트에서 120만 명 이상의 참석자를 효과적으로 관리하며 원활한 경험을 제공한 사례에서 확인할 수 있다.

개인 맞춤형 추천 및 콘텐츠 제공

AI는 참석자들의 선호도와 행동을 분석해 세션, 부스 또는 공연을 추천함으로써 개인화된 경험을 제공할 수있다. 이벤트 앱이나 웨어러블 기술에서 사용자 활동을 추적해 AI 알고리즘이 참석자들 개인에 맞는 추천을 할 수 있다. 예를 들어 공연 참가자의 취향이나 성별 등 앱에 기록된 관심사에 따라 언제 어떤 어떤 아티스트가 어디서 누구와 어떤 공연을 하는지에 대한 정보를 원하는 때에 추천할 수 있다. 또한 AI는 실시간 콘텐츠 제공에도 활용되어, 개인 화면이나 기기에 맞춘 자막, 번역, 심지어 증강현실 오버레이까지 제공해 시청 경험을 향상할 수 있다.

공연 분석 및 피드백 제공

AI는 실시간으로 공연을 분석하고 관련 피드백을 공연 주최자와 관객 모두에게 제공할 수 있다. 관객들의 SNS, 모바일 앱, IoT 기기 등에서 수집된 데이터를 분석하고, 각 공연의 멋진 순간 혹은 개선이 필요한 부분에 대해 즉각적으로 모니터링한 데이터를 제공해 장점은 부각하고 단점은 줄일 수 있다. 또한 SNS 트렌드를 분석해 대중의 감정을 이해하고, 주최자가 이벤트를 신속하게 조정할 수 있도록 할 수 있다.

능동적 티켓 가격 책정 및 판매 최적화

AI는 능동적 티켓 가격 책정 모델을 활용해 라이브 이벤트의 티켓 판매 및 가격 책정 전략을 세우는 데 유용하게 사용될 수 있다. 특히 판매 수요, 좌석 선호도, 과거 참석 기록, 날씨 조건 등 다양한 요인을 분석해 실시간으로 티켓 가격을 조정할 수 있다. 이를 통해 수익을 극대화하면서도 낮은 수요 시에는 가격을 더욱 합리적으로 만들어 관객들의 참석률을 높일 수 있다. 또한 비슷한 관심사나 상호 보완적인 직업 배경을 가진 참석자들을 연결함으로써 네트워킹 기회를 제공할 수 있다. AI 기반 네트워킹 플랫폼은 참석자의 전문 정보와 선호도에 대한 정보를 입수, 알고리즘을 통해 유사한 프로필을 가진 다른 참가자들에 유익한 기회를 제공할 수 있다.

참고문헌

DigitalDefynd(2025). 10Ways AI is Being Used in Live Events[2025]. https://digitaldefynd.com/IQ/ai-in-live-events

Needhi, J.(2024.6.5). The Ai Revolution in Music Concerts:How Famous Singers are Using Technology to Transform performances. Medium. https://medium.com/@jeyadev_needhi/the-ai-revolution-in-music-concerts-how-famous-singers-are-using-technology-to-transform-d2105bd74dc4

Sneddon, T.(2024.12.10). Famdom and AI-Endless Creativity or death of originalty? Creativrbrief.

https://www.creativebrief.com/bite/trend/guest-trend/fandom-and-ai-endless-creativity-or-death-originality

07
AI와 초개인화 서비스

AI의 딥러닝 기능으로 엔터테인먼트 산업 종사자들은 고객들 개개인의 취향을 완벽에 가깝게 파악할 수 있게 됐다. 이에 대한 명암에 대해 분석해 본다.

AI와 윤동주?

초개인화 시대에 AI는 어떻게 음악 산업을 변화시키고 있는가?

현대 사회는 기술 발전으로 인한 급격한 변화 속에서 개인화 시대를 넘어 초개인화 시대로 접어들었다. 초개인화는 개인화가 더욱 진화한 형태로 맞춤형과 특별한 사용자 경험이 더욱 강조된 디지털 서비스 형태다. 초개인화의 목표는 고객의 취향을 파악하고 최적의 사용자 경험을 제공함으로써 고객 만족을 높이는 것이다. 개인화를 좁은 범위로 설정하지 않고 고객의 요구를 완벽하게 파악하고 만족스러운 경험을 제공하는 것이 초개인화의 핵심이다. 단언컨대 AI는 초개인화 시대의 초핵심 키워드라 할 수 있다. 기업이 각 개인에게 완벽한 맞춤형 서비스를 제공하기 위해서는 완벽한 데이터 수집을 바탕으로 현재는 물론 미래에 당사자가 원하는, 필요로 할 수 있는 서비스에 대한 추측이 필수 불가결하다. AI 없이는 이런 서비스는 불가능하다고 할 수 있다.

음악 산업의 상황을 살펴보자. AI 알고리즘은 방대한 데이터를 분석해 청취자들의 행동, 취향, 패턴을 이해할 수 있다. 이러한 데이터 기반 접근법은 각 음악 플랫폼이 사용자에게 고유하게 공감하는 콘텐츠와 경험을 제공할 수 있도록 한다.

우선 AI를 사용해 음악 플랫폼에서 청취자가 진짜로 원하는 음악을 찾는 것이 매우 수월해질 수 있다. AI 알고리즘은 청취자 선호에 기반한 개인화된 추천을 제공하고 청취 습관을 분석해 개인의 취향에 맞춘 맞춤형 플레이리스트를 생성할 수 있다. 이는 청취자가 새로운 음악을 찾는 데 드는 시간을 절약할 뿐만 아니라, 스스로는 결코 찾지 못했을 아티스트와 장르를 발견하게 할 수 있다. AI 알고리즘이 청취자들의 선호에 따라 플레이리스트를 큐레이션해 맞춤형 청취 경험을 제공하며 청취자의 취향에 맞는 다양한 아티스트와 장르를 소개해 음악 라이브러리를 확장시킬 수 있다.

이미 스포티파이, 애플뮤직, 판도라와 같은 회사들은 AI 기술을 플랫폼에 통합해 사용자 경험을 향상하고 있다. 청취 기록, 곡 선호도, 사용자 행동과 같은 데이터 포인트를 분석해 청취자에게 공감할 수 있는 정확한 추천을 제공한다. 또한 사용자 데이터를 분석해 곡, 앨범, 아티스트에 대한 개인화된 추천리스트를 생성할 수 있다.

독일의 산업 통계 데이터 업체인 스타티스타(Statista)의 보고서에 따르면, 글로벌 음악 스트리밍 시장의 매출 규모는 2027년 4,255억 달러에 이를 것으로 예상된다. 그리고 이 같은 성장에는 AI 기반 음악 추천 서비스가 중

추 역할을 할 것이라고 예상하고 있다. 또한 닐슨뮤직(Nielsen Music)의 연구에 따르면 52%의 음악 청취자가 음악 발견을 위해 스트리밍 서비스를 이용하고 있어, 음악 산업에서 개인화된 추천의 중요성이 강조되고 있다.

AI 기반 음악 추천 기능은 음원 청취자와 음악 스트리밍 플랫폼 모두에 다양한 이점을 제공할 수 있다. 초개인화된 음원 추천 기능은 청취자들이 음악 플랫폼에서 자신들이 좋아하는 음악을 들을 수 있는 수많은 기회를 제공하고 이는 청취자들이 플랫폼 내에서 보내는 시간을 늘리며, 결과적으로 유입되는 사용자 수를 늘리고 이를 유지하는 선순환으로 이어지게 된다.

초개인화 시대를 맞이한 음악 산업에서 AI의 역할은 청취자들에게만 국한되지 않는다. 아티스트들도 AI를 사용해 자신들이 원하는 음악을 제작하는 과정을 최적화할 수 있다. 우선 AI 기반 도구는 방대한 양의 데이터를 분석해 아티스트가 음악에 대한 정보에 기반한 결정을 내릴 수 있도록 한다. AI 알고리즘을 바탕으로 장르, 분위기 및 템포와 같은 입력 매개변수를 기반으로 음악을 생성할 수 있으며 오디오 샘플을 분석하고 사운드 효과, 악기 프리셋 및 믹싱 기법을 제안해 음악의 전반적인 품질을 향상시킬 수 있다. AI 기반 마스터링 도구는 동적

EQ, 압축 및 리미팅을 적용해 트랙의 오디오 품질을 최적화할 수 있다. 특히 편집이나 마스터링 같은 시간 소모적인 작업을 자동화하면 아티스트가 음악 창작에 집중할 수 있다.

AI는 아티스트의 창의적 탐색에도 유용하다. AI 도구는 아티스트가 스스로 생각하지 못한 창의적 아이디어와 음악 요소를 제안해 새로운 영감을 일깨우는 기회를 제공할 수 있다.

아티스트와 팬과의 초개인화된 상호작용도 가능해진다. 아티스트는 AI 기반 데이터 분석을 통해 팬의 취향을 파악하고, 개인화된 메시지, 콘텐츠, 심지어 맞춤형 음악까지 제공할 수 있게 된다. 이는 팬 경험을 향상시키고 아티스트와 팬들 사이의 유대감을 증대할 수 있다.

저작권 관리 및 수익 분배에도 유리하다. 특히 소속사를 비롯한 조력자가 없는 인디 아티스트들에게 저작권 관리를 비롯한 수익 관리는 처리하기 어려운 업무다. 블록체인과 결합된 AI는 음악의 저작권 관리와 로열티 분배 업무를 더 투명하고 효율적으로 만든다. 이를 통해 음악의 사용 데이터를 분석하고 저작권 소유자들에게 정확히 수익을 분배할 수 있게 된다.

초개인화 시대의 드라마와 영화 산업

초개인화 시대에 AI는 드라마와 영화 산업에도 큰 혁신을 일으키고 있다. 콘텐츠 소비 방식부터 제작 과정, 팬과의 상호작용까지 다양한 분야에서 AI는 새로운 가능성을 열고 있다.

우선 맞춤형 콘텐츠 추천을 바탕으로 한 개인화된 시청 경험을 꼽을 수 있다. 음원 스트리밍 플랫폼들과 마찬가지로 넷플릭스, 디즈니플러스, 티빙 같은 영상 스트리밍 플랫폼들도 AI를 사용해 사용자의 시청 이력, 장르 선호도, 배우나 감독의 취향 등을 분석해 개인화된 추천을 제공할 수 있다. 이 또한 사용자가 원하는 콘텐츠를 빠르게 찾게 해 주고, 플랫폼 체류 시간을 늘리는 데 기여할 수 있다. 콘텐츠의 현지화와 번역에도 큰 변화를 불러올 것으로 기대된다. AI 기반 번역과 자막 생성 기술은 이미 글로벌 콘텐츠의 장벽을 허물고 있다. 각국의 문화와 언어적 뉘앙스를 고려한 더 자연스러운 번역을 제공할 뿐만 아니라 외국 성우들의 목소리에 언어만 변환하는 기능 등을 제공해 시청자들의 콘텐츠 접근성 및 편의성을 극대화할 수 있다.

시청자와의 상호작용에도 변화가 예상된다. AI는 실시간으로 스토리를 변경할 수 있는 인터랙티브 콘텐츠를 가능하게 할 수 있다. 예를 들어 시청자가 스토리의 방향을 선택할 수 있는 방식으로 몰입감을 극대화한 드라마나 영화를 시청자 개인의 취향에 맞추어 실시간으로 추천할 수 있게 된다.

디테일한 팬 커뮤니티 분석도 가능해진다. AI가 SNS 데이터를 분석해 특정 드라마나 영화의 팬 반응을 모니터링하고, 이를 바탕으로 후속 콘텐츠 기획에 반영할 수 있다. 이는 창작자가 팬들의 의견을 반영해 속편 혹은 차기작의 성공 확률을 비약적으로 끌어 올릴 수 있게 한다.

또한 이런 청취자 및 팬들의 취향을 분석한 데이터를 통해 어떤 스토리, 캐릭터, 장르가 인기 있는지 파악할 수 있다. 궁극적으로 드라마나 영화를 개봉하기 전에도 데이터를 분석해 사전에 흥행 가능성을 예측할 수 있게 될 것이다. 이를 통해 제작사는 위험을 줄이고 더 성공적인 프로젝트에 집중할 수 있다.

콘텐츠 제작에도 혁신을 불러올 전망이다. AI는 작가들의 대본 작성을 돕거나 스토리 플롯을 제안하는 데 활용될 수 있다. 예를 들어 특정 장르나 플롯 구조에 대한 데이터를 학습한 AI는 작가에게 새로운 아이디어를 제공하거나 초안을 작성하는 데 도움을 줄 수 있다.

감독들은 AI를 사용해 배우의 디지털 더블을 생성하

거나 대역을 맡길 수도 있으며, 고해상도 VFX를 자동으로 생성해 제작 시간을 단축하고 비용을 절감할 수도 있다. 또한 다양한 연령대, 지역, 문화적 · 인종적 배경을 지닌 시청자들에게서 수집한 데이터를 바탕으로 더욱 개인화된 드라마나 영화를 제작할 수 있을 것이다.

제작사들은 더욱 정교한 마케팅이 가능해질 전망이다. AI는 시청자들의 검색 기록, 시청 패턴, 관심사를 분석해 개인화된 마케팅 캠페인을 설계할 수 있다. 특정 영화의 예고편이나 관련 상품을 타깃 사용자에게 맞춤형으로 노출함으로써 홍보 효과를 극대화할 수 있으며 영화나 드라마의 주요 장면을 분석해 관객의 관심을 끌 수 있는 클립을 조합한 예고편을 제작할 수 있다.

또한 시청자의 표정이나 목소리 톤을 분석해 그들의 감정을 이해하고, 이에 맞는 콘텐츠를 실시간으로 추천하거나 조정할 수 있다. 가상현실과 증강현실 기술을 활용해 몰입형 스토리텔링을 지원하며, 시청자와 더욱 긴밀한 상호작용을 가능하게 할 것이며 한 명의 시청자가 여러 플랫폼에서 동일한 개인화된 경험을 할 수 있도록 크로스 플랫폼 개인화가 보편화될 것이다.

게임 업계의 변화

게임 업계도 음악이나 드라마 및 영화 업계와 같은 양상을 띠고 있다. 제작, 플레이 방식, 사용자 경험이 개인화되고 있으며, AI가 이러한 변화를 주도하고 있다.

AI는 플레이어의 실력, 행동 패턴, 선호도를 분석해 게임 난이도와 콘텐츠를 개인화한다. 예를 들면, FPS 게임에서 적의 AI가 플레이어의 움직임에 따라 더 똑똑하게 행동하거나 RPG 게임에서 퀘스트 난이도가 자동으로 조정될 수 있다. 또한 플레이어의 선택과 행동을 기반으로 스토리를 실시간으로 조정할 수 있다. 이는 단순히 정해진 플롯이 아니라 플레이어가 만든 독창적인 이야기를 경험하게 한다. 지금도 〈디트로이트: 비컴 휴먼〉처럼 플레이어의 선택에 따라 결말이 달라지는 구조를 가진 게임이 존재하지만, 이는 어디까지나 이미 정해진 수많은 엔딩 중에서 하나를 보여 줄 뿐이다. AI는 이를 한 단계 발전시켜 각각의 플레이어들이 자신들만의 스토리를 만들어 내는 엄청난 게임 플레이 경험을 가능하게 할 것이다.

게임의 핵심인 멀티플레이어 경험의 변화

스마트 매치메이킹이 가능해진다. AI는 플레이어의 실

력, 성향, 선호도를 분석해 가장 적합한 상대와 팀을 매칭해서 더 공정하고 재미있는 멀티플레이 환경을 제공할 수 있다. 특히 초급자 및 신규 플레이어들이 처음으로 게임을 접할 때 오랜 경험을 가진 플레이어들과 분리하거나 혹은 함께 팀을 이루도록 해, 게임에 쉽고 빠르게 적응하도록 도울 수 있다. 또한 멀티플레이어 환경에서 플레이어가 부족하거나 매칭 시간이 길어질 경우, AI가 자연스러운 동료 또는 적으로 참여해 공백을 메울 수도 있다. 감정 인식 및 반응을 통한 몰입형 경험도 가능케 할 수 있다.

AI는 플레이어의 목소리 톤, 표정, 심박수 같은 생체 데이터를 분석해 게임을 조정할 수 있다. 공포 게임의 경우 플레이어가 긴장할수록 더 무서운 이벤트를 생성하거나, 피로도를 줄이기 위해 난이도를 낮출 수도 있다. 또한 자연어 처리를 활용해 NPC와의 대화를 더 자연스럽고 현실감 있게 할 수 있다.

플레이어 데이터를 활용한 개인화 게임 추천도 가능해 진다. 다양한 게임 플랫폼 및 디바이스는 AI를 사용해 플레이어의 선호도와 플레이 기록을 분석하고 적합한 게임을 추천할 수 있다. 또한 게임 플레이 데이터를 분석해 플레이어의 강점과 약점을 파악하고 개선 방안을 제시할 수 있다.

AI는 규모가 작은 독립 게임 개발자들에게 구세주 역할을 할 것으로 전망된다. 게임 개발자에게 아이디어를 제안하거나 반복적 작업을 자동화함으로써 창작 과정을 단축시킨다. 특히 막대한 자본과 시간이 소요되는 게임 대본 작성, 그래픽 디자인, 테스트 과정 등에서 AI는 빠르고 효율적으로 작업 수행을 수행해 막대한 시간과 자본을 절약하게 한다. 또한 초기 출시 시 게임의 성망을 가르는 버그 감지 및 품질 관리 부문에서 코드나 게임 내의 문제점을 빠르게 분석해 버그를 감지하고 수정 제안을 제공해 게임 출시 전 완벽에 가까운 품질을 유지하게 할 수 있다. 마케팅과 사용자 경험 강화에도 큰 도움이 될 수 있다. AI는 플레이어의 구매 패턴, 게임 스타일, 선호도 데이터를 활용해 개인화된 할인, 아이템, DLC 등을 제안할 수 있다. 이 또한 독립 업체 및 중소 업체에는 막대한 자본이 소요되는 작업이지만 AI가 개발사들의 부담을 크게 줄여 줄 것으로 기대된다.

참고문헌

박서영(2024.6.17) "우리는 지금 초개인화 시대에 살고 있다"…개인화에서 초개인화로. 가톨릭대학보.

http://www.cukjournal.com/news/articleView.html?idxno=4245

Marcuta, C. & MoldStudd Research Team(2024.3.28). AI in Music industry personalized music recommendations. Moldstud. https://moldstud.com/articles/p-ai-in-music-industry-personalized-music-recommendations

Nielsen, M. W.(2024.9.16). How AI Creates Hyper-personalized and Gaming. Medium. https://medium.com/@mikkelwagernielsen/how-ai-creates-hyper-personalized-experiences-in-entertainment-and-gaming-bacd36a29a53

08
AI와 예술적 진정성

엔터테인먼트 산업의 근간은 즐거움이며, 이는 명백하게 예술의 영역에 속한다. AI가 예술을 창작할 수 있는지, 근원적인 문제에 대해 다뤄 본다.

AI와 한의학?

AI는 예술을 창조할 수 있나?

예술에 대한 정의는 수 세기 동안 철학자들 사이에서 논쟁이 되어 왔다. 플라톤은 예술을 '모방'[그리스어로 '미메시스(mimesis)']이라는 개념으로 발전시켰고, 이마누엘 칸트는 예술을 미적 아름다움이 아니라 형식적 특성으로 평가해야 한다고 주장했다. 장 시벨리우스는 "예술은 문명의 서명이다"라고 주장했으며, 미국 철학자 조지 디키는 예술에 대한 제도 이론은 '예술 세계'라고 알려진 제도적 맥락(작품이 예술 박물관에 있거나 극장에서 전시된다면 그것은 '예술'로 분류될 수 있다)에서만 객체가 예술이 될 수 있다고 주장했다. 이러한 정의는 오늘날 우리가 예술에 대한 정의를 확립하는 데 유용한 인사이트를 제공하고 있다.

예술은 문명이 시작된 이래로 인간에게 매우 중요한 역할을 해 왔다. 정치적, 사회적, 영적, 종교적, 철학적 아이디어를 전달하고 교육하기 위해서, 즐겁기 위해서, 강렬한 감정을 불러일으키기 위해서 등 여러 이유로 문화권별로, 인종별로 다양한 예술을 창조해 왔다.

다만 이제까지 예술을 논할 때 두 가지 키워드는 확실했다. '인간'의 '창의성'이 예술의 핵심이라는 것이다.

창의성은 상상력 또는 독창적인 아이디어를 사용하는

것으로, 특히 예술 작품을 창작하는 과정에서 중요한 역할을 한다. 이러한 창의성이 마음에서 나오는지, 뇌에서 나오는지, 영혼에서 나오는지, 아니면 경험에서 나오는지에 대해서는 논쟁의 여지가 있지만 인간만이 진정으로 창조할 수 있는 능력을 갖췄다고 대부분 받아들이고 있었다.

그러나 컴퓨터와 AI의 등장으로, 충분한 양의 데이터를 훈련받은 시스템이 작가나 아티스트의 작품들을 모방할 수 있게 되면서 인간이 창의적 과정에서 독점적으로 가졌던 지위가 위협받고 있다. AI는 기존의 친숙한 아이디어를 독창적으로 결합하거나, 이전 작품의 속성을 기반으로 새로운 작품을 만들거나, 인간이 창작하는 동안 생각하지 못한 속성과 아이디어의 조합을 제안하는 등 다양한 방식으로 새로운 아이디어를 창출하는 데 사용되고 있다.

AI를 사용해 창의적인 콘텐츠를 생성하는 과정은 주로 기초 모델이나 생성적 적대 신경망(GAN)을 사용하는 데 그 기반을 둔다. 이러한 접근 방식은 인간의 두뇌가 학습하는 방식을 모방하도록 설계된 심층 신경망을 활용, 특정 요소들을 결합해 완성된 작품을 창조할 수 있도록 연관성을 만든다. 신경망은 특정한 출력(이미지,

소리 샘플, 텍스트 등)의 수백만 또는 수십억 개의 예제를 학습하며, 고도화된 패턴 매칭을 통해 특정 속성, 패턴 또는 단서를 학습한다.

K팝 아이돌의 예를 들어 보면, AI 신경망이 1990년대부터 지금까지의 수많은 아이돌의 음악을 대상으로 멜로디 및 리듬 패턴을 분석하고, K팝 아이돌의 스타일을 정의하는 특정 패턴을 식별하도록 훈련된다. 이는 학습된 매개 변수와 속성에 기반해 새로운 작품을 만들 수 있는 모델을 생성한다. 모델의 '층'이 많을수록, 결과적으로 더 복잡한 패턴과 상관관계를 만들 수 있다.

오픈AI는 지난 2021년 1월 '달리(DALL-E)'라는 애플리케이션을 발표했다. 이는 아티스트 살바도르 달리를 참조해 기존 이미지를 재현하고 결합해 미적으로 만족스러운 새로운 이미지를 생성할 수 있다는 점을 보여 주었다. 그로부터 1년 후에 발표된 '달리 2(DALL-E 2)'는 이미지 품질이 향상되었고, 시스템이 다양한 예술 스타일을 재현할 수 있음을 입증했다.

AI로 생성된 작품에는 인간이 좋아할 만한 요소가 반영되어 있기 때문에 일정 수준의 현실성이 내재해 있고, 이는 거의 모든 형태의 예술에 적용될 수 있다. 예를 들어 신경망이 특정 장르, 아티스트의 레퍼토리 또는 스타일 데이터를 학습하기 위해 음악의 예를 학습하면 일반적인 코드 진행, 멜로디, 리듬, 구조 등의 패턴을 파악할 수 있다. 음악 오픈 소스 플랫폼을 사용해 기본적인 스템(믹싱 과정에서 하나의 유닛으로 결합되는 오디오 소스의 그룹)을 만들고 곡의 구조를 결정하는 매개 변수(템포, 리듬, 악기 종류, 스타일 등)를 선택하면, AI는 이를 바탕으로 아티스트에게 다시금 다양한 가능성을 제시하고, 아티스가 자신이 좋아하는 옵션을 선택할 수 있는 방식이다.

인공지능이 '창의적'이라고 할 수 있는가?

AI가 인간의 창의성을 복제하는 것은 어렵지만, 일정한 패턴을 찾는 것은 능숙하다. 그리고 만약 이러한 패턴이 창의성으로 간주된다면, AI는 창의적인 것처럼 보일 수 있다. 그러나 AI가 기존 작품의 데이터화된 속성을 기반으로 창작물을 만들어 낼 수 있음에도 불구하고, 그 과정은 인간의 창의성과는 다르다. 인간의 창의성은 현실 세계의 경험, 감정, 영감의 조합에서 비롯되기 때문이다. AI의 신경망 기반 시스템은 현실 세계에 대한 이해가 부족하며, 적절한 가이드나 매개 변수가 없으면 비논리적이거나 이상한 결과물을 만들어 내게 된다. 즉 AI로 생성된 작품은 어디까지나 인간이 생산해 낸 데이터를 바탕으로 한 출력물이다. 작금의 AI의 수준을 기준으로 한다면 AI가 창작해 낸 작품은 어떤 형태로든 인간의 요소가 남아 있을 것이다. 아직까지 AI는 창작 과정에서 인간을 대체하는 것이 아니라, 인간 창작자와 함께 창작 속도를 높이거나 비용을 절감하는 방식으로 사용되고 있는 측면이 강하다.

AI는 새로운 예술적 창작을 할 수 있을까?

이렇듯 AI는 아직까지는 예술 창작의 주체이기보다는 인간의 예술 창작을 돕는 수준에 머물러 있다. 그러나 지금과 같은 속도로 AI 기술이 발전하면 가까운 미래에 기존 작품보다 더 뛰어난 창작물을 제작할 가능성은 분명히 존재한다. 인간은 AI를 도구로 사용하면서 다양한 예술적 시도를 하고 있다. 그리고 이는 AI에게 다양한 예술적 데이터를 제공함으로써 인간 아티스트가 창작하는 과정을 극도로 정확한 수준까지 흉내 낼 수 있는 수준에 도달하게 할 확률이 매우 높다. 그리고 우리는 AI가 이 수준에 도달했을 때 AI가 창작해 내는 작품을 예술적 창작품이라 칭하게 될 수도 있을 것이다.

하지만 그때가 와도, AI의 창작물을 인간의 예술 작품과 동등하게 평가해야 할지에 대해서는 여전히 갑론을박이 있을 것이다. 그중 하나가 바로 영감(Inspiration)이다. 수많은 아티스트가 그들의 작품에 소중한 가치로 내걸고 있는 영감을 AI가 창조해 내거나 혹은 최소한 이를 흉내 내 사람에게 감동을 줄 수 있을까 하는 것이다.

AI는 아직 인간과 같은 감정이나 의도를 가지고 있지 않으며, 이것이 감동의 깊이에 영향을 미칠 수 있다. 인간 아티스트의 작품에는 개인적인 경험, 철학, 정서가 담겨 있어 이를 공감할 수 있는 요소가 있지만 AI가 창작한 작품은 알고리즘과 데이터로 만들어졌기 때문에, '의미 있는 감정의 전달'이 제한될 수 있다. 따라서 일부 사람들은 AI가 창작한 작품에 감동하더라도 그것이 진짜 인간적 감정에서 비롯된 것인가라고 자문하게 될 것이다. 물론 예술의 감동은 본질적으로 주관적이기 때문에, 관객의 경험, 감정, 그리고 작품에 대한 해석이 중요한 역할을 한다. AI가 창작한 작품에서도 자신의 감정을 투영하고 거기서 의미를 발견할 수 있다. 이는 마치 자연의 경치나 무생물에 감정을 느끼는 것과 비슷한 과정일 것이다.

인간은 AI가 창조한 작품에도 감동할 수 있다. 이는 작품의 미학적 완성도, 맥락, 그리고 인간의 해석에 따라

달라질 수 있다. 그러나 진정성, 인간성, 감정적 연결성 등 AI가 자연적으로 가질 수 없는 요소는 여전히 깊은 감동을 위해 중요한 역할을 한다.

결국, AI는 감동의 도구가 될 수 있지만, 감동의 본질은 인간의 해석과 참여에서 비롯된다고 할 수 있다. AI와 인간의 협업은 이러한 감동을 더욱 극대화하는 방향으로 나아갈 가능성이 크다.

AI와 예술의 미래

AI는 창작, 표현, 감상의 새로운 방식들을 열어 가며, 기술과 인간의 창의성이 조화롭게 발전하는 방향으로 나아갈 가능성이 크다.

AI는 기본적으로 창작의 민주화에 공헌할 것이다. AI 도구는 전문 기술 없이도 누구나 예술을 창작할 수 있도록 돕고 있다. 그림, 음악, 영화 제작 도구와 같은 AI 기반 플랫폼은 사용자가 직관적으로 창작할 수 있는 환경을 제공한다. 이러한 기술은 예술을 엘리트만의 영역에서 벗어나 모든 사람에게 열려 있는 표현의 도구로 만들어 줄 수 있다.

맞춤형 예술과 인터렉티브 경험도 크게 발전할 것이다. AI는 관객의 데이터를 분석해 개인화된 예술 작품과 경험을 제공할 수 있다. 예술 감상자들은 자신의 취향, 감정, 상황에 따라 맞춤화된 예술 작품을 경험하거나, 실시간으로 변화하는 인터랙티브 작품을 즐길 수 있게 될 것이다. 가상현실이나 증강현실을 활용한 맞춤형 미디어 아트, 관람객의 생체 신호를 반영해 변화하는 전시 작품을 통해 사람들은 이제까지 경험해 보지 못한 새로운 차원의 예술적 경험을 하게 될 것이다. 또한 AI 기술의 발전은 우리가 이전에 상상하지 못했던 새로운 형태의 예술을 가능하게 할 것이다. 다양한 데이터, 알고리즘, 프로그래밍 언어를 예술의 매체로 사용해 새로운 장르를 만들어 낼 수 있다. 특히 실시간으로 생성되는 예술 작품, 자율적으로 변화하고 진화하는 설치 작품, 디지털 세계에만 존재하는 NFT 기반 예술, AI가 제작한 초현실적 비디오 아트, AI가 생성한 문학 작품, AI가 주도하는 NFT 경매 등은 예술의 개념 확대에 기여할 것으로 전망된다.

AI와 예술의 융합은 궁극적으로는 AI가 인간의 창의성에 도전하는 동시에 이를 확장하는 방향으로 나아가고 있다. 기술의 발전은 예술의 정의를 재구성하고, 창작의 범위를 넓히며, 감상의 방식을 변화시키고 있다. AI는 인간 아티스트의 경쟁자가 아니라 협력자가 될 가능성이 크다.

AI는 인간이 놓칠 수 있는 세부적인 작업을 수행하거나 새로운 영감을 제공하는 도구로 사용될 것이다. 인간의 창의성과 감정, AI의 기술적 능력이 결합한다면, 우리는 더욱 풍부하고 다채로운 예술 작품을 경험할 수 있을 것이다. 이는 단순히 기술적 발전을 넘어 예술의 본질적 가치를 확장하는 방향으로 나아갈 것이다. AI와 예술의 미래는 기본적으로 기술과 인간의 조화에 달려 있다. AI는 새로운 창작 방식을 열고, 예술의 접근성과 표현의 다양성을 확대하며, 예술에 대한 정의를 새롭게 구성할 것이다. 하지만 이러한 기술적 발전 속에서도 예술의 핵심이 인간의 감정, 철학, 의미를 탐구하는 데 있다는 점은 변하지 않을 것이다. AI는 인간 창작의 한계를 확장하는 도구가 될 수 있지만, 궁극적으로 예술의 본질은 인간의 해석과 참여에서 비롯되기 때문이다.

참고문헌

Open Gallery(2019.6.3). [미술이야기] 인공지능은 예술가가 될 수 있을까? https://www.opengallery.co.kr/art-readings/61/?srsltid=AfmBOooghIBt8tSBiqMi2gvIDEn9Orlhl7SNSUSLiIGuCflM3QxVDgNQ

Ali, M.(2023.10.26). The impact of AI in Art and Entertainmnet. Medium.
https://medium.com/@mohsin.ali202006/the-impact-of-ai-in-art-and-entertainment-1fc16634eea2

Samuel, S.(2019.5.17). Aritificial intelligence can now make art. Artist, don't panic. VOX.
https://www.vox.com/2019/5/10/18529009/ai-art-marcus-du-sautoy-math-music-painting-literature

09
AI와 윤리, 그리고 규제

엔터테인먼트 산업 내의 AI와 다양한 규정을 통해 데이터 개인 정보 보호, 편견, 딥페이크 기술과 같은 윤리적 문제에 대해 알아본다.

AI와 화장품?

AI와 윤리

AI가 엔터테인먼트 산업에 깊이 스며들면서 창작, 소비, 그리고 유통 방식에 큰 변화를 불러오고 있다. 그러나 이러한 기술적 혁신은 동시에 다양한 윤리적 문제를 야기하고 있다. AI가 인간의 삶과 문화를 형성하는 엔터테인먼트에 깊은 영향을 미치는 만큼, 이를 규제하고 관리하기 위한 윤리적 논의와 제도적 기반이 필수적이다.

콘텐츠 제작에서 AI

AI는 콘텐츠 제작의 중요한 도구로 자리 잡고 있다. 대본 작성, 음악 작곡, 시각 효과 생성 등 이미 다양한 분야에서 콘텐츠 제작에 방대하게 사용되고 있다. 예를 들어 AI 알고리즘은 방대한 데이터를 분석해 어떤 유형의 콘텐츠가 성공할 가능성이 높은지 예측하고 새로운 영화나 프로그램 제작을 지원한다. 또한 편집, 색 보정, 특수 효과 생성 등의 작업을 지원해 제작 과정을 효율적이고 비용 효과적으로 만든다.

특히 딥페이크 기술은 배우의 얼굴을 다른 몸에 사실적으로 합성할 수 있게 해 창의적 목적으로 사용되기도 하지만, 동의 및 진위성 문제와 같은 윤리적 우려를 낳기도 한다.

AI는 개인화된 추천, 타깃 광고, 인터랙티브 경험 등을 통해 관객 참여를 지향한다. 넷플릭스와 스포티파이 같은 스트리밍 플랫폼은 AI 알고리즘을 활용해 사용자 선호도를 분석하고, 개인 맞춤형 콘텐츠를 추천함으로써 사용자 만족도를 높이고 시청자 이탈을 줄인다. 이러한 알고리즘은 시청자들의 시청 또는 청취 기록을 기반으로 선호할 만한 콘텐츠를 예측해 개인화된 엔터테인먼트 경험을 제공한다. 또한 AI 기반 챗봇이나 가상 비서가 사용자와 상호작용을 하며 정보를 제공하거나 질문에 답하고, 인터랙티브 스토리에 참여하게 함으로써 이전에 상상할 수 없었던 몰입된 경험을 제공한다.

AI가 초래할 수 있는 윤리적 문제

AI가 효과적으로 작동하기 위해서는 사용자의 선호도, 행동, 인구 통계 등 민감한 정보를 포함한 대량의 데이터가 필요하며 이는 데이터 수집, 저장, 사용 방식에 대한 프라이버시 및 보안 문제를 일으킨다. 이러한 데이터를 어떻게 수집하고 저장하고 사용하는지에 대한 명확한 기준이 필요하다. 데이터 유출이나 개인 정보의 오용은 신원 도용, 무단 감시와 같은 심각한 결과를 초래할 수 있다. 따라서 엔터테인먼트 기업은 강력한 데이터 보호 조치를 구현하고, GDPR(일반 데이터 보호 규정)과 같은 규제를 준수해야 한다.

AI를 사용해 딥페이크 기술로 개인의 디지털 복제본을 생성하는 것은 중요한 윤리적 과제를 제기한다. 이는 실존 인물의 동의 없이 콘텐츠를 제작하는 데 사용될 수 있으며, 정체성 도용, 명예 훼손, 허위 정보와 같은 문제를 일으킬 수 있다. 예를 들어 사망한 배우를 디지털로 재현해 그들의 외모와 연기를 재창조한다는 점에서 논란이 될 수 있을 뿐만 아니라 유족들에게 크나큰 상처를 줄 수 있다. 이와 같은 기술의 윤리적 사용은 관련 개인이나 유족으로부터 명확한 동의를 얻는 것이 필요하며, 기술 사용에 대해 관객들에게 투명하게 공개해야 한다.

AI가 기존 콘텐츠(음악, 영화, 글 등)를 학습해 새로운 콘텐츠를 생성하면서 원작자의 저작권이 침해될 가능성이 크다. AI가 특정 아티스트의 고유한 스타일을 모방한 곡을 만들면 저작권 침해가 발생할 수 있다. 창작자들의 일자리도 위협에 처할 수 있다. AI가 각본 작성, 음악 작곡, 그래픽 디자인 등을 대체하면서 인간 창작자들의 일자리가 줄어들 수 있으며, 이는 특히 업계에 처음 발을 딛는 신인 창작자들의 커리어 빌드업에 큰 영향을 끼칠 수 있다. 편향된 콘텐츠 생산도 우려되는 요소다. AI는 학습 데이터에 의존하기 때문에, 데이터에 포함된 편향이나 차별이 AI가 생성하는 콘텐츠에도 반영될 수 있다. 이에 따라 특정 집단을 배제하거나 부정적으로 묘사하는 콘텐츠가 만들어질 위험이 있으며, 콘텐츠의 투명성 문제도 야기될 수 있다. AI로 생성된 콘텐츠가 사람이 제작한 것처럼 오해될 가능성이 있으며, 이는 소비자에게 혼란을 초래하고, 신뢰의 문제로 이어질 수 있다.

AI가 초래할 윤리적 문제 방지법

이런 윤리적 우려를 미연에 방지하기 위해서는 AI 사용에 대한 윤리적 지침과 모범 사례를 마련하고 기업은 개발 초기부터 데이터 보호 조치를 통합하는 '프라이버시 중심 설계' 원칙을 도입해야 하며, 개인 정보 수집 및 사용 전에 사용자에게 명확한 정보를 제공하고 동의를 얻어야 한다.

투명성은 AI 기술에 대한 신뢰를 구축하는 핵심 요소다. 기업은 AI 사용 방식, 알고리즘 및 데이터 소스를 공개적으로 알리고, AI 생성 콘텐츠를 명확히 표시해야 한다. 또한 데이터 수집이나 개인화된 추천에서 사용자가 이를 거부할 수 있는 옵션을 제공해야 한다. 문제가 발생했을 때 이를 해결하기 위한 책임을 질 수 있는 제도도 마련해야 한다. 사용자가 우려 사항을 신고할 수 있는 프로세스를 만들고, 이를 해결하기 위한 명확한 책임 체계를 구축해야 한다.

AI 프로젝트에서 편향을 방지하고 공정한 대표성을 보장하기 위해, 기업은 다양성과 포괄성을 최우선으로 삼아야 한다. 이를 위해 데이터 세트의 다양성을 보장하고, AI 시스템 개발 및 관리에 다양한 문화적, 인구 통계적 배경을 가진 전문가를 포함해야 한다. 또한 광범위한 경험과 관점을 반영하는 콘텐츠를 제작하려는 노력을 통해 모든 소비자에게 포괄적인 합의를 끌어내야 한다.

영화에서 딥페이크 기술의 사용은 창의적 가능성을 열어 주는 동시에 윤리적 논란을 불러일으켰다. 〈스타워즈: 라이즈 오브 스카이워커〉에서 여주인공 캐리 피셔의 모습을 디지털로 재현한 것이 동의 문제와 진위성 논의를 촉발한 바 있다. 버락 오바마 전 미국 대통령이 등장하는 딥페이크 영상이 디지털 조작임이 밝혀지며, AI가 허위 정보와 여론 조작에 사용될 가능성에 대한 우려를 제기하기도 했다.

넷플릭스와 같은 스트리밍 플랫폼도 AI 알고리즘을 사용해 개인 맞춤형 콘텐츠를 추천한다. 이는 사용자 경험을 향상하지만, 데이터 프라이버시와 알고리즘 편향에 대한 우려가 강하게 제기된다. 예를 들어, 이들 플랫폼의 AI 알고리즘이 인기 있는 콘텐츠를 우선하거나 사용자가 이전에 본 콘텐츠와 유사한 콘텐츠를 추천한다면, 다양한 관점과 틈새 장르에 대한 접근이 제한될 수 있다. 또한 시청자들이 진정으로 원하는 작품을 추천하는 대신 이해관계에 있는 제작사들의 작품 위주로 추천해 불공정성을 야기할 수 있다.

엔터테인먼트 산업에서 책임 있게 AI를 사용하기 위해서는 업계 전반에 걸쳐 모두가 동의할 수 있는 원칙이 필요하다. 우선 AI에 대한 정확한 개념이 공유되어야 한다. 업계 관계자들 모두가 생성형 AI가 초래할 수 있는 윤리적 문제점에 대해 이해해야만 그것을 보완하는 시스템의 구축이 가능하다. AI는 자체적으로 창의적인 직관이나 스토리텔링 능력을 갖추고 있지 않다. AI는 인간의 창의적 본능과 예술성을 보조할 뿐이다. AI에 과도하게 의존할 경우, 예술적 품질, 관객의 몰입도, 인간 전문가의 독창적인 재능이 저하될 수 있다. AI와 인간의 협업 모델을 장려할 필요가 있다. AI를 창작자들이 더 창의적이고 효율적으로 작업할 수 있는 보조적인 도구로 활용하도록 교육하고, 기술 활용 방법을 지원할 수 있다. 창작자 보호 정책 시행도 고려해 볼 만하다. AI로 대체된 직업군에 대한 재교육 프로그램을 마련하고, 창작자들에게 AI 기술에 대한 교육 기회를 제공해 변화하는 산업에 적응하도록 도울 수 있다.

창작자들은 AI를 합법적이고, 윤리적이며, 책임감 있게 사용해야 한다. 이들이 생성형 AI를 사용할 때 지적재산권, 프라이버시, 윤리적 고려 사항을 반드시 숙지하고 야기될 수 있는 문제점에 경각심을 가져야 한다. 특히 AI를 다양한 업무에 사용할 시 AI가 생성하는 콘텐츠에 반영될 수 있는 편향성, 고정관념 등에 대해서 모니터링하는 시스템이 있어야 하며, 나아가 AI가 초래할 큰 위협 중 하나인 산업 전반의 일자리 감소 가능성 등의 윤리적 문제에 대해서도 큰 틀에서 합의가 있어야 한다. 이를 위해서는 공정하고 다양한 데이터를 확보해 AI 학습에 사용되는 데이터 세트가 다양한 문화, 성별, 인종, 배경을 포함하도록 설계해야 한다. 또한 데이터 감수 절차를 도입해 AI 학습에 앞서 데이터에 대한 윤리적 검토 및 편향 점검 절차를 의무화할 필요가 있다.

고인 재현에 대한 동의 절차도 강화해야 한다. 고인의 이미지를 AI로 재현하려면 유족의 서면 동의와 함께 사회적 합의를 거쳐야 하며, 이를 법적으로 규제해야 한다. 감정적 영향 평가 제도 도입도 고려해 볼 필요가 있다.

고인 재현 콘텐츠가 대중에게 미칠 감정적 영향을 평가하는 윤리적 검토 과정을 마련할 수 있다.

AI의 '합법적인' 사용에서도 정부 차원의 AI 법안 도입과 같은 새로운 규제 의무가 만들어져 AI가 초래할 다양한 문제를 미연에 방지하도록 노력해야 한다. AI가 접근할 수 있는 다양한 정보에 대한 보안도 필수적이다. 적절한 인증 및 접근 제어 메커니즘이 마련되어 있어야만 우발적인 데이터 유출뿐만 아니라 의도적인 유출 또는 가짜 콘텐츠 배포를 방지할 수 있다. 이를 위해서 공정 사용 기준을 강화해야 한다. AI가 학습에 사용하는 데이터에 대해 명확한 공정 사용 기준을 마련하고 저작권이 있는 콘텐츠를 활용할 경우 원작자에게 보상하거나 사용 허가를 받도록 규제하고 이를 투명하게 공개해야 한다. 또한 새로운 개인정보 보호법 강화도 요구된다. AI 개발 및 사용 시 개인정보 유출을 방지하기 위해 강력한 법적 규제를 시행할 필요가 있다. AI 윤리 인증제를 도입한다면 개인정보와 데이터를 윤리적으로 처리하는 AI 기술에 대해 인증을 부여해 신뢰도를 높일 수 있다.

AI의 사용에 대해 투명성이 보장되어야 한다

특히 방송국 제작자를 비롯한 감독 등 책임을 져야 하는 직책에 있는 사람들은 출연진, 창작자 및 대중에게도 AI를 사용하는 데 대한 투명성과 책임성을 확보해야만 한다. 또한 AI가 제작에 사용되었을 시 시청자에게 이 사실을 알리고, 시청자들이 자신들이 소비하는 콘텐츠가 사람이 만든 것인지 AI가 생산해 낸 것인지 인지하게 해야 한다. 이를 위해서는 콘텐츠의 진위를 가릴 수 있는 추적 시스템을 갖출 필요가 있다. 블록체인 기술을 활용해 콘텐츠의 소유권과 생성 이력을 추적할 수 있는 시스템을 구축할 수 있다면 투명성을 확보하는 데 큰 도움이 될 것이다. 또한 AI 생성 콘텐츠 라벨링을 의무화할 필요가 있다. AI가 생성한 콘텐츠에는 반드시 'AI 생성'이라는 라벨을 부착하도록 법제화해 소비자에게 투명성을 제공해야 한다. 출처 확인 시스템 구축도 필요하다. 소비자가 콘텐츠의 생성 방식과 출처를 쉽게 확인할 수 있도록 플랫폼 내에 인증 시스템을 도입한다면 야기될 수 있는 다양한 문제를 미연에 방지할 수 있을 것이다.

AI가 생성한 콘텐츠와 관련해 잘못된 결과가 발생했을 때, 책임 소재가 명확하지 않을 수 있다. 책임 분배 규정을 마련해 AI 개발사, 콘텐츠 배포 플랫폼, 사용자 간 책임을 명확히 구분하는 법적 체계를 수립할 필요가 있다. 또한 AI 개발사에게 책임 있는 기술 개발과 운영을 요구하며, 이를 이행하지 않을 경우 강력한 제재를 가할 수 있다. 독립적 감독 기구 설립도 고려해 볼 만하다. AI 콘텐츠의 윤리적, 법적 문제를 모니터링하는 독립적인 기구를 구성해 오사용에 대한 모니터링 및 사회적 책임을 지게 할 수 있다.

엔터테인먼트에서 AI는 혁신과 창의성을 위한 새로운 가능성을 열었다. 그러나 이러한 가능성과 함께 중요한 윤리적 책임이 따른다. 산업이 AI를 수용함에 따라, 프라이버시, 동의, 투명성, 포괄성 등 윤리적 고려 사항을 우선시해야만 한다.

윤리적 가이드라인을 확립하고, 다양성을 촉진하며, 투명성을 보장함으로써 엔터테인먼트 산업은 AI의 잠재력을 최대한 활용하면서도 창작자와 관객 모두의 권익을 보호할 수 있다. 기술 혁신과 책임 있는 사용 간의 균형을 맞추는 것이 AI 기반 엔터테인먼트의 미래를 형성하는 핵심 과제다.

참고문헌

김성민(2024.9.20). AI "아내보다 날 더 사랑해줘"… 남자는 대화 6주만에 목숨 끊었다, 조선일보. https://www.chosun.com/economy/tech_it/2024/09/20/RZ3B7AKKTRB4LMOQHLKZ5B2ISQ/

Farish, K.(2024.1.25). 10 principles for Using Generative AI in the Entertainment Industry. https://www.kelseyfarish.com/post/10-principles-for-using-generative-ai-in-the-entertainment-industry

Yerushalmi, D.(2024.2.5). How Ethics, Regulations And Guidelines Can Shape Respmsible AI. Forbes. https://www.forbes.com/councils/forbestechcouncil/2024/02/05/how-ethics-regulations-and-guidelines-can-shape-responsible-ai/

10
AI와 창의적 협업을 위한 공존

창의적 과정의 협력자로서 AI의 역할은 아티스트의 창의성을 강화하고 새로운 예술적 영역을 탐색하는 도구를 제공할 수 있다. AI와 함께할 새로운 형태의 예술과 엔터테인먼트적 영감을 공유하는 가능성을 타진해야 한다.

종교와 AI?

AI는 아티스트의 적인가?

2023년 10월, 미국 상원의 지식재산권 소위원회 위원장인 크리스 쿤스 상원의원은 '원작 보호, 예술 육성, 엔터테인먼트 안전에 관한 법', 일명 '노 페이크 법(No Fakes Act)'의 초안을 발표했다. 이 법안은 아티스트들이 자신의 초상권, 특히 딥페이크 기술을 이용한 목소리 도용에 대한 허가 없는 사용을 금지하고, 이를 위반한 이들을 상대로 법적 대응을 할 수 있게 하려고 상정됐다.

이 법안의 배경에는 '고스트라이터(Ghostwriter)'라는 익명의 아티스트가 있다. 그는 AI 딥페이크 기술을 이용해 세계적인 가수 드레이크와 더 위켄드의 목소리를 모방해 〈하트 온 마이 슬리브(Heart on My Sleeve)〉라는 곡을 만들어 발표했다. 이 곡은 두 가수의 동의 없이 만들어졌음에도 불구하고 미국에서 140만 회 이상의 스트리밍을 기록했다. 그러나 결국 유니버설 뮤직 그룹의 요청으로 강제 삭제됐다. '고스트라이터'는 아티스트들이 생산해 낸 콘텐츠가 AI에 의해 도용되고 재수익이 창출될 수 있으며, 또 과정이 그 어떤 관리 및 감독 없이 진행될 수 있다는 것을 보여 준다.

아티스트들은 AI가 예술을 자본화하는 방식에 본능적으로 거부감을 느끼는 경우가 많다. 많은 아티스트들이 스스로 음악을 만드는 등 다양한 창작 과정을 인간 고유의 영역으로 인지하고 의미를 부여하는 것에 반해, AI는 아티스트들에 창작의 영역을 침범하는 듯한 위협적인 존재로 비추어질 수 있기 때문이다.

그러나 AI 기술이 반드시 창작을 대체하는 역할만 하는 것은 아니다. 예를 들어 일부 음악 프로듀서들은 '아젠타 스튜디오(Agenta Studio)' 같은 AI 도구를 사용해 드럼 패턴을 생성하거나 멜로디 아이디어를 얻는다. 이처럼 AI는 창작의 파트너로 활용될 수도 있으며, 실제로 일부 아티스트들은 AI를 창작 도구로 적극적으로 사용하고 있다.

예를 들어 먼저 피아노나 기타로 곡을 작곡한 후 이를 에이블턴 라이브(Ableton Live) 같은 디지털 오디오 워크스테이션(DAW)에 녹음한다. 이후 드럼과 신시사이저 같은 추가적인 악기들을 곡에 더해 나가면서 곡을 완성한다. 이 과정에서 AI 기반 플러그인을 활용하면 곡의 키와 템포에 맞는 샘플을 추천받거나, AI가 생성한 드럼 패턴이나 멜로디를 바탕으로 새로운 요소를 추가할 수도 있다.

하지만 중요한 점은 AI가 제공하는 초안을 그대로 사용하는 것이 아니라, 이를 기반으로 편집, 변형, 가공해 새로운 창작물을 만드는 것이다. AI가 제공한 샘플의 피치를 조정하거나, 샘플을 자르고 조합해 완전히 새로운 사운드를 창조할 수도 있다. 그러나 AI는 어디까지나 도구일 뿐이다.

가장 큰 타격을 받을 분야는?

AI는 엔터테인먼트 산업에서 양날의 칼로 작용하고 있다. 특히 '독창성'이나 '창의성'이 부각되는 창작의 영역에서는 '적'으로 간주될 수 있다. 다만 단순하고 지루한 단순 노동이 요구되는 '완성도'의 영역에서는 가치 있는 도구, 혹은 조력자로 환영받을 수 있다. 그리고 후자인 경우 해당 분야는 AI에 의해 대체될 가능성이 크다. 예를 들어 광고 음악이나 상업적인 BGM 제작과 같은 분야는 이미 AI가 인간을 대체하는 사례가 늘어나고 있다. 반면 두꺼운 팬층을 보유한 아티스트들은 대체될 가능성이 희박하다. AI가 만든 콘텐츠는 어디까지나 보조적인 역할을 할 뿐, 아티스트 고유의 감성과 창작 과정에서 나오는 독창성을 완전히 대체할 수는 없기 때문이다.

그러나 AI의 발전이 반드시 부정적인 것만은 아니다. 많은 아티스트들이 AI를 이용해 반복적이고 지루한 작업을 줄이고, 더 창의적인 작업에 집중할 수 있다는 점에서 긍정적인 영향을 기대할 수 있다.

AI 시대의 가치 평가

AI 기술이 아티스트가 생산해 내는 가치를 변화시키고 있지만, 진짜 중요한 것은 이 가치를 어떻게 평가할 것인가 하는 문제다. 현재 음악 스트리밍 서비스의 수익 배분 방식만 보더라도, 창작자들은 점점 더 적은 수익을 받게 되는 구조 속에서 어려움을 겪고 있다. 예를 들어 스포티파이는 2024년부터 곡이 연간 1,000회 이상 스트리밍되지 않으면 아예 수익을 지급하지 않는 정책을 도입했다. 이는 신인이나 인디 아티스트들이 성장하기에 매우 불리한 구조다.

AI 시대에도 예술은 사라지지 않을 것이다. 그러나 AI가 창작 과정을 지나치게 자동화하고, 콘텐츠의 홍수 속에서 진정한 예술이 묻혀 버린다면, 결국 예술의 가치 자체가 희석될 위험이 있다.

본질은 단순한 '생산성'이 아니다. 그것은 인간의 감성과 경험이 녹아든 과정이며, 시간을 들여 천천히 만들어지는 것이다. AI가 아티스트들의 창작을 돕는 도구로 활용될 수도 있지만, AI가 만들어 낸 콘텐츠가 기존 예술을 대체하는 방향으로 흘러간다면 예술의 의미 자체가 변질될 것이다.

AI는 아티스트에게 긍정적인 존재인가?

AI가 엔터테인먼트 산업에서 아티스트들에게 끼치는 영향력과 이에 대한 시각은 아직도 분분하며, 이는 가까운 시간 안에 크게 바뀌지는 않을 것이 분명하다.

다만 확실한 사실은, AI는 이미 다양한 분야의 아티스트들과 협력하며 새로운 동반자로서 진가를 발휘하기 시작했다는 것이다. AI와 예술의 융합은 가능성의 세계를 열어 주며, 기존의 경계를 뛰어넘고 획기적인 창작물을 탄생시키고 있다.

아티스트들은 AI 알고리즘을 활용해 새로운 기법을 탐구하고, 새로운 표현 형식에 접근하며 창의성의 한계를 넓히고 있다. 아티스트와 AI 간의 상호작용은 새로운 가능성의 차원을 열어 주고 있다.

협업이 경쟁을 이긴다

AI가 창작 과정을 완전히 대체할 것이라는 생각은 일부 아티스트들에게는 위협으로 다가온다. 그러나 AI를 위협으로 보지 말고, 인간 아티스트와 AI 시스템 간 협업의 장점을 볼 필요가 있다. AI의 능력을 활용함으로써 아티스트들은 창작 과정을 향상하고 독창적인 새로운 작품을 만들 수 있다. AI를 창작 과정의 일부로 받아들이고 있는 예는 쉽게 찾을 수 있다.

캐나다 아티스트 그라임스(Grimes)는 AI 기술을 적극적으로 활용하는 것으로 유명하다. 그는 자신의 목소리를 AI 모델로 학습시켜, 누구나 본인 스타일의 음악을 만들 수 있도록 허용한 바 있다. 실제로 〈아이 워너 비 소프트웨어(I Wanna Be Software)〉는 AI를 활용해 제작된 곡으로, 인간과 AI의 협업을 보여 주는 대표적인 사례라 할 수 있다.

전자음악 아티스트 홀리 헌든(Holly Herndon)은 '스폰(Spawn)'이라는 AI 모델을 훈련시켜 AI와 인간 가수들이 함께 노래하는 독특한 합창곡을 제작한 바 있다. 인간과 기계의 목소리가 혼합된 실험적인 음악 스타일을 선보임으로써 AI와 인간이 창의적으로 공생할 수 있는 관계를 보여 준 것이다.

무엇보다도 창작자의 권리가 보호되어야 한다

AI 기술이 창작에 활용되는 과정에서 가장 중요한 요소 중 하나는 창작자의 권리를 보호하는 것이다. AI가 특정 아티스트의 목소리, 얼굴, 스타일 등을 학습해 무단으로 활용하는 사례가 증가하고 있으며, 이는 원작자의 동의 없이 이루어지는 경우가 많다. 이를 방지하기 위해 명확한 법적 보호 장치가 필요하다. 저작권 및 초상권 보호 강화를 통해 AI가 학습할 수 있는 데이터의 범위를 법적으로 명확하게 규정해야 한다. AI가 특정 가수의 목소리나 배우의 얼굴을 학습하려면 반드시 해당 창작자의 동의를 얻어야 하며, AI가 창작한 콘텐츠가 원작자의 권리를 침해하는지를 판단하는 법적 기준이 필요하다. 예를 들어 미국의 저작권청(US Copyright Office)은 AI가 단독으로 생성한 그림은 저작권 보호를 받을 수 없다고 판결한 바 있다.

딥페이크 및 목소리 도용 방지법 강화도 필수적이다. AI 기술이 발전하면서 배우나 가수의 얼굴과 목소리가 무단으로 사용되는 사례가 늘어나고 있다. 이를 방지하기 위해 딥페이크 및 목소리 도용 방지법을 강화하고, AI로 생성된 콘텐츠에는 'AI 사용' 표기를 의무화해야 한다. 노 페이크 법은 좋은 일례다. 더불어 이런 법안이 빠르게 국제적 기준으로 자리 잡아 배우와 가수의 목소리와 얼굴이 AI로 무단 생성되는 것을 방지해야 한다. 한국에서도 AI 음성 복제 기술을 이용한 보이스 피싱이 증가하면서 관련 법 개정이 논의되고 있다.

AI가 창작자의 권리를 존중하며 활용될 수 있도록 윤리적 가이드라인을 수립하는 것이 필요하다. AI의 활용 범위를 명확히 설정하고, 인간 창작자의 역할을 보장하는 것이 중요하다. 또한 AI의 창작 범위를 설정해 어디까지나 단순한 보조 도구로 사용되어야 함을 명시해야 한다. 최종적인 창작 의사 결정은 인간이 해야 하며 AI가 대본을 초안으로 작성하더라도 작가가 이를 수정하고 감성을 더하는 과정이 필수적이다.

창작자의 가치를 보호하기 위해 힘써야 한다

AI가 창작 비용을 절감한다고 해서 창작자의 가치를 저평가해서는 안 된다. 음악, 미술, 연기 등 창작자의 고유한 감성과 스타일은 AI가 대체할 수 없는 핵심 요소이므로, 인간 창작자의 역할을 보장해야 한다. 또한 이를 위해선 경제적 보상 체계 구축이 시급하다. AI가 창작자의 데이터를 학습할 경우 창작자에게 정당한 경제적 보상이 이루어져야 한다. AI 활용으로 인한 수익을 공정하게 분배하는 구조를 마련해야 하며, 이를 위해 다음과 같은 방안을 고려할 수 있다.

AI 학습한 데이터에 대한 로열티 지급도 이루어져야 한다. AI가 특정 작가, 배우, 가수의 데이터를 학습했다면, 해당 창작자에게 일정 부분 로열티를 지급하는 제도가 필요하다. 예를 들어 아티스트가 AI에게 자신의 목소리를 사용할 수 있도록 허용하는 대신, AI가 만든 음악에서 발생하는 수익의 일부를 받을 수 있도록 하는 것이다.

또한 AI와 인간 창작자가 공동 작업한 경우 수익 배분 구조를 명확히 해야 한다. 이를 통해 AI가 창작자의 노력을 대체하는 것이 아니라 협업을 통해 상생할 수 있도록 해야 한다.

AI는 어디까지나 창작 도구로 활용한다

AI는 창작자의 자리를 빼앗는 것이 아니라, 새로운 아이디어를 제공하는 보조 도구로 활용될 수 있다는 개념이 상식으로 자리를 잡아야 한다. 반복적이고 기술적인 작업을 AI가 담당하고, 창작자는 창의적인 요소에 집중하도록 하는 것이다. AI가 아이디어 생성, 편집, 번역 등 반복적인 작업을 도와 창작자의 부담을 줄이는 식이다.

AI를 똑똑한 비서로 활용하는 것도 권장된다. 기존 음악이나 그림 스타일을 분석해 새로운 스타일의 변형을 제안하는 방식으로 활용할 수 있다. 이를 통해 AI는 창작자의 창의성을 증진하는 도구가 될 수 있다.

아티스트와 AI의 협력은 다양한 영역에서 끝없는 가

능성을 보여 주고 있다. AI는 영감의 도구이자 창작의 조력자이며 때로는 협력자로서 예술적 표현의 경계를 확장한다. 그러나 이 협업은 윤리, 소유권, 예술 감상의 미래에 대한 중요한 질문들도 제기한다. 아티스트, 학자, 기관이 이 상호작용을 받아들이고 대화를 촉진함으로써, 인간의 창의성과 AI의 결합이 예술 세계의 새로운 지평을 여는 미래를 함께 만들어 갈 수 있을 것이다.

참고문헌

Brunotts, K.(2024.7.5). AI will not replace Artists. It will Devalue Them. Skeptic. https://www.skeptic.com/reading_room/artificial-intelligence-will-not-replace-but-devalue-artists/

Filimowicz, M.(2023.6.6). Creative Collaboration:How Artists and AI Can work together. Medium. https://medium.com/higher-neurons/creative-collaboration-how-artists-and-ai-can-work-together-187502fd8fdb

황준민

동국대학교 문화예술대학원 글로벌음악산업전공 책임교수다. 캘리포니아주립대학교 노스리지에서 음악 산업을 전공했다. 소니뮤직산타모니카, 미주중앙일보, JYP엔터테인먼트를 거친 후 현재 ㈜엔터스테이션 대표이사를 겸직하고 있다. 문화체육관광부 자문위원으로도 활동하고 있다.